Von Josef Kirschner sind außerdem erschienen:

Manipulieren – aber richtig
Hilf dir selbst, sonst hilft dir keiner
So plant man sein Leben richtig
Das Lebenstraining
So nutzt man die eigenen Kräfte besser
So machen Sie auf sich aufmerksam
So lernen Sie, sich selbst zu lenken
So lernen Sie, sich selbst zu lieben
So siegt man, ohne zu kämpfen
Die Egoisten-Bibel

Über den Autor:

Josef Kirschner, 1931 geboren, ist Vater zweier Söhne und wohnt mit seiner Familie in einem Bauernhaus in Österreich. Er war erfolgreich als Journalist und Fernsehmoderator tätig, außerdem Gast an der Harvard University und Lehrbeauftragter an der Wiener Universität. Sein Spezialbereich ist der Aufbau von Selbsthilfegruppen.

Josef Kirschner

Die 100 Schritte zum Glücklichsein

Wie Sie aus eigener Kraft Ihr Leben verändern

Besuchen Sie uns im Internet:
www.droemer-knaur.de

Vollständige Taschenbuchausgabe Januar 2000
Droemersche Verlagsanstalt Th. Knaur Nachf., München
Copyright © 1997 F.A. Herbig Verlagsbuchhandlung GmbH, München
Alle Rechte vorbehalten. Das Werk darf – auch teilweise –
nur mit Genehmigung des Verlages wiedergegeben werden.
Umschlaggestaltung: Agentur Zero, München
Umschlagabbildung: Bavaria Bildagentur, Gauting
Satz: Ventura Publisher im Verlag
Druck und Bindung: Ebner & Spiegel, Ulm
Printed in Germany
ISBN 3-426-82300-4

10   9   8   7   6

Für alle, die ihr Glück
nicht mehr dem Schicksal,
dem Zufall
oder anderen Leuten
überlassen wollen

Inhalt

Wie Sie das Glücklichsein lernen und trainieren können – wenn Sie es wirklich wollen

Das Glück, denken die meisten Menschen, ist etwas, das man hat – oder nicht. Man gewinnt im Lotto, findet jemanden, der einen glücklich macht, oder es fällt einem durch irgendeinen anderen Zufall in den Schoß. Haben Sie schon einmal daran gedacht, daß Sie das Glücklichsein lernen und trainieren können wie jede andere Fähigkeit auch. Schritt für Schritt, Tag für Tag, für den Rest Ihres Lebens. Vorausgesetzt natürlich, Sie sind bereit, den Preis dafür zu bezahlen.

Die zwei größten Hindernisse, die Ihnen dabei im Wege stehen, sind wahrscheinlich Ungeduld und Bequemlichkeit. Schließlich ist es nichts anderes als Ungeduld und Bequemlichkeit, wenn Sie denken, Sie müßten nur einen günstigen Kredit aufnehmen, um sich das Haus, das Auto oder den Urlaub zu kaufen, von dem Sie schon eine Ewigkeit träumen.

Einmal ganz ehrlich: Wissen Sie nicht schon längst, daß man Glück nicht kaufen kann? Sonst müßten ja alle die vielen Millionäre in der Welt unsagbar glücklich sein. Denken Sie, daß sie es tatsächlich sind?

Glücklich, daran gibt es keinen Zweifel, macht uns nicht das, was wir besitzen, sondern das, was wir aus dem machen, was wir besitzen. Klingt das nicht vernünftig? Trotzdem werden wir ein Leben lang nach dem Prinzip erzogen, daß Leistung und Fortschritt, Geld und Besitz, Wissen, Einfluß und der Frieden in der ganzen Welt die Garanten für ein glückliches Leben wären.

Bilden Sie sich doch einmal in aller Ruhe Ihre eigene Meinung zu folgenden Behauptungen:

- Wer den ganzen Tag nur darüber nachdenkt, wie er mehr und bessere Leistungen für andere erbringen könnte, hat keine Zeit dafür, über sein eigenes Glück nachzudenken.
- Der wirkliche Fortschritt in unserer Zeit besteht darin, zurück zu sich selbst zu finden.
- Wenn Ihnen Geld und Besitz mehr Sorgen als Freude machen, warum haben Sie dann nicht schon längst etwas in Ihrem Leben verändert?
- Wissen, sagt man, sei Macht. Aber Macht hat noch nie jemanden glücklich gemacht. Oder kennen Sie jemanden?
- Und ist es nicht der Gipfel der Bequemlichkeit, sich ständig um den Frieden irgendwo draußen in der weiten Welt Sorgen zu machen, statt damit anzufangen, Frieden mit sich selbst zu schließen?

Niemandem, der sich ernsthaft auf die Suche nach seinem persönlichen Glück macht, bleibt die eine, alles bestimmende Entscheidung erspart:

- Überlasse ich mein Glück der Hoffnung, dem Zufall oder anderen Menschen und ihren Versprechungen?
- Oder lasse ich nichts unversucht, es an jedem weiteren Tag meines Lebens aus eigener Kraft zu erlangen?

Wenn Sie den bequemen Weg wählen, heißt das keinesfalls, daß Sie deshalb unglücklich sein müssen. Es mag Ihnen Befriedigung verschaffen, die Verantwortung für Unglück, Niederlagen und Enttäuschungen auf andere Leute, den Zufall oder das Schicksal abzuwälzen. Nichts ist einfacher, als sich einzureden: »Ich bin vom Pech verfolgt.« Oder: »Ich habe es ja versucht, aber ich schaffe es eben nicht.«

Die Entscheidung, sein Glück aus eigener Kraft zu erlangen, läßt allerdings keine Entschuldigung mehr zu. Sie bedeutet:

- Sie wissen selbst, was Sie im Leben wirklich glücklich macht, damit niemand anderer es Ihnen einreden kann.
- Sie kennen die Fähigkeiten, die notwendig sind, um glücklich sein zu können.
- Sie kennen die Hindernisse, die Ihrem Glück im Wege stehen, und meistern sie, statt ihnen auszuweichen.
- Sie nehmen sich an jedem Tag die Zeit, an Ihrem Glück zu arbeiten, es immer besser zu lernen und zu trainieren.

Um es noch einmal zu sagen: Glücklichsein kann man lernen und trainieren, wie jede andere Fähigkeit, für die es uns wichtig genug erscheint, unsere ganze Energie einzusetzen.

Es gibt kein allgemein gültiges Rezept für Glück. Was andere glücklich macht, muß keinesfalls Sie ebenso glücklich machen. Deshalb ist das Bemühen um sein persönliches Glück auch Ihre ganz persönliche Sache. Wie Sie es erlangen können, davon handelt dieses Buch.

Wie Sie aus diesem Buch den größten Nutzen für sich ziehen können

Sie können dieses Buch einfach nur lesen, es in ein Regal stellen und sagen:»Ganz interessant, aber in der Praxis schaut das Leben doch ganz anders aus.« Oder Sie können für sich aus dem Inhalt den größtmöglichen Nutzen ziehen.

Der größtmögliche Nutzen – was wäre das? Ganz einfach: Sie ändern Ihr bisheriges Leben in kleinen Schritten, bis nichts mehr Sie daran hindern kann, an jedem weiteren Tag so zu leben, wie Sie immer schon leben wollten.

Kein Buch, kein Lehrer, kein Gesetz kann Ihr Leben verändern, wenn Sie selbst es nicht tun. Und jede Änderung beginnt bei der Entscheidung.»Ich tu's.« Jeder Entscheidung wieder geht ein Denkprozeß, eine Bewußtmachung voraus. In diesem Buch werden Sie beharrlich dazu ermuntert, über sich selbst nachzudenken und eigene Entscheidungen zu fällen.

Wenn Sie eine Entscheidung gefällt haben, werden Sie vermutlich nach Hinweisen suchen, sie in die Tat umzusetzen. Auch dafür finden Sie eine Fülle von Anregungen. Wohlgemerkt, es sind Anregungen und Vorschläge und keine Erfolgsrezepte.

Denn eines sollten Sie wissen: Wer sein Glück aus eigener Kraft und nach seinen eigenen Vorstellungen erlangen will, ist dafür selbst verantwortlich. Er hat keinen Lehrer, der ihn unter Druck setzt. Er ist sein eigener Lehrer. Es gibt deshalb auch niemanden, den Sie für Ihre Irrtümer und Fehlschläge verantwortlich machen können.

Das heißt: Sie müssen selbst entscheiden und handeln und aus Ihren Fehlern lernen. Das allerdings, ohne fürchten zu müssen, daß irgend jemand Sie kritisiert oder lächerlich macht. Aus seinen eigenen Fehlern zu lernen, ist die Voraussetzung für jeden Lernprozeß.

Noch etwas sollten Sie wissen: Sie selbst, Ihre Fähigkeiten und Vorstellungen, Bedürfnisse und Wünsche sind der Maßstab ihres Glücks. Deshalb sollten Sie aufhören, sich und Ihr Handeln an dem zu messen, was andere tun und für richtig halten.

Ihr Selbstbewußtsein und der Glaube an sich selbst sind die wichtigsten Schritte beim Training des Glücklichseins. Sie beginnen in Ihrem Kopf, in Ihrem täglichen Denken. Deshalb gibt es nur eine einzige unumstößliche Maxime, die Sie befolgen *müssen*, wenn Sie aus diesem Buch den größten Nutzen für sich ziehen wollen: Lassen Sie keinen einzigen weiteren Tag vergehen, an dem Sie sich nicht in eine stille Ecke setzen, sich entspannen und sich in Ihren Gedanken mit nichts anderem beschäftigen als mit Ihrem ganz persönlichen Glück.

Sie können ein Kapitel dieses Buches lesen und sofort daran gehen, das Gelesene für sich zu nützen. Oder Sie lesen es von der ersten bis zur letzten Seite, um zu entscheiden, womit Sie beginnen wollen. Wichtig ist nur, *daß* Sie beginnen.

Sie werden vermutlich sehr bald feststellen, daß in diesem Buch manche Anregungen und Hinweise in den verschiedensten Zusammenhängen beharrlich immer wieder aufscheinen. Dies geschieht, um Sie daran zu erinnern, daß Glück nicht darin besteht, etwas zu wissen, sondern dieses Wissen in immer neuen Zusammenhängen einzusetzen. Bis es zu Entscheidungen und schließlich zum praktischen Handeln führt.

Machen Sie sich dabei keine Illusionen: Glücklich wird man nicht von heute auf morgen. Glücklich zu leben ist eine Strategie für jeden Tag des weiteren Lebens. Glück können Sie auch nicht erzwingen. Es stellt sich ganz von selbst ein, wenn Sie es lange und ernsthaft trainieren. Dann werden Sie eines Tages feststellen, daß es *passiert*. Wie das Autofahren: Sie lenken, schalten und bremsen richtig, weil Sie es so lange gelernt und im täglichen Gebrauch eingeübt haben, bis Sie es beherrschen.

Vorausgesetzt natürlich, Sie haben es richtig gelernt.

DIE 100 SCHRITTE ZUM GLÜCKLICHSEIN

1. Schritt
Überlegen Sie doch einmal in aller Ruhe, was Glück für Sie ganz persönlich bedeutet

Haben Sie schon einmal ernsthaft darüber nachgedacht, was Glück für Sie bedeutet? Für Sie ganz persönlich? Ist Glück für Sie Zufall? Hängt es von anderen Menschen ab? Vom Schicksal, von Ihrem Sternzeichen? Oder können Sie Ihr Glück selbst bestimmen?

Haben Sie sich schon einmal solche Fragen gestellt, oder ist Glück für Sie einer jener vagen Begriffe wie Liebe, Freiheit oder Selbstbewußtsein, von denen ständig die Rede ist, aber keiner weiß so recht, was darunter zu verstehen ist?

Was immer wir im Leben erreichen wollen, setzt voraus, daß wir es definieren. Wenn Sie ein Auto kaufen, werden Sie vermutlich überlegen: »Welches Auto will ich für welchen Zweck und zu welchem Preis?« Was aber wissen Sie, wenn Sie die Entscheidung fällen: »Ich möchte für den Rest meines Lebens so glücklich sein, wie es mir aus eigener Kraft möglich ist«?

Wenn Sie für den Rest Ihres Lebens aus eigener Kraft glücklich sein wollen, bleibt Ihnen die alles bestimmende Entscheidung nicht erspart. Die Entscheidung: »Ich überlasse mein Glück nicht dem Zufall, dem Schicksal oder anderen Leuten. Ich übernehme dafür die Verantwortung *selbst.*«

Worin aber besteht dieses Glück, das Sie erreichen wollen? Worin besteht es ganz konkret? Vielleicht denken Sie jetzt: »Ich möchte eine glückliche Ehe führen.« Oder: »Ich möchte Erfolg haben und viel Geld verdienen.« Oder vielleicht: »Mein größtes Glück wäre es, gesund zu sein.« Alles schön und gut, aber ist das wirklich schon das Glück, das Sie für den Rest Ihres Lebens erreichen möchten? Aus *eigener* Kraft.

- Neigen wir nicht alle dazu, dem Partner die Schuld zu geben, wenn die Ehe nicht glücklich ist?
- Wenn wir so erfolgreich sein wollen, wie andere Leute, bestimmen nicht wir selbst, worin unser Erfolg besteht, sondern andere tun es nach *ihren* Maßstäben.
- Und Geld kann uns nur glücklich machen, wenn wir selbst genau wissen, wieviel wir davon brauchen, um glücklich sein zu können.

Was also bedeutet Glück für Sie persönlich?
Es mag schon sein, daß diese Frage Sie verwirrt. Kein Wunder. Wir alle werden ein Leben lang dazu erzogen, uns von anderen Leuten sagen zu lassen, was wir denken, glauben und kaufen sollen. Ganze Heerscharen von Experten denken über nichts anderes nach, als darüber, wie sie uns glücklich machen wollen. Sie versprechen uns das Blaue vom Himmel, wenn wir tun, was sie von uns erwarten. Was *sie* erwarten.
Einmal ganz ehrlich: Wie glücklich haben andere Sie in Ihrem bisherigen Leben schon gemacht? Ist es nicht an der Zeit, einmal ernsthaft darüber nachzudenken, worin Ihr Glück für den Rest Ihres Lebens *wirklich* besteht? Tun Sie es einfach. Am besten gleich jetzt.

2. Schritt
Warum es unmöglich ist, andere Leute glücklich zu machen, wenn Sie selbst nicht glücklich sind

Wenn Sie – ob jetzt oder irgendwann später einmal – die Entscheidung fällen: »Ich mache mich selbst aus eigener Kraft möglichst an jedem Tag meines weiteren Lebens glücklich«, dann sollten Sie sich über die Tragweite dieses Entschlusses im klaren sein. Es bedeutet:

- Sie stellen sich selbst und Ihr eigenes Glück in den Mittelpunkt Ihres Lebens.
- Sie fragen nicht mehr, wer Ihnen dabei hilft, sondern helfen sich selbst.
- Sie führen das Leben, das Sie glücklich macht, auch wenn es manchen Ihrer Mitmenschen nicht in den Kram paßt, weil man Sie nicht mehr ausnutzen kann wie früher.
- Sie denken täglich zuerst an sich selbst und Ihr Glück und dann erst daran, was Sie für andere tun können oder sollen.
- Sie lassen sich nicht mehr von anderen Leuten erziehen und manipulieren, sondern übernehmen Ihre Erziehung selbst. Sie manipulieren sich auch selbst.
- Vor allem aber: Es gibt keine wie immer geartete Entschuldigung mehr. Sie können niemandem mehr die Schuld für Fehlschläge, Enttäuschungen und Krisen in die Schuhe schieben oder sich auf ein böses Schicksal ausreden.

Um es noch einmal ganz deutlich zu sagen: Sie sind der Mittelpunkt Ihres Lebens. Alles beginnt bei Ihnen selbst. Was Sie nicht tun, geschieht auch nicht. Oder, wie gesagt, Sie können niemanden glücklich machen, wenn Sie selbst nicht glücklich sind.
Und warum können Sie das nicht? Ganz einfach, weil Sie nie-

mandem etwas geben können, was Sie selbst gar nicht besitzen. Wenn Sie also jemandem versprechen: »Ich mache dich glücklich«, ohne es selbst zu sein, dann belügen Sie nicht nur den anderen, sondern auch sich selbst. Die Voraussetzung für das glückliche Zusammenleben mit andern ist also die Bereitschaft, sich selbst glücklich zu machen.

Und noch etwas: Sie sollten sich darüber im klaren sein, ob Sie leben, um andere Leute glücklich zu machen und sich für sie aufzuopfern, oder ob Sie Ihr eigenes Leben leben wollen. Denn für andere dazusein, bedeutet Abhängigkeit und Selbstverleugnung.

Es mag schon sein, daß Sie längst daran denken, Ihr eigenes Leben zu leben, nach eigenen Vorstellungen und frei von allen einengenden Abhängigkeiten. Aber was haben Sie bisher zu dieser Selbstbefreiung beigetragen? Außer vielleicht die Ausrede: »Ich möchte ja frei und glücklich sein, aber die anderen lassen mich nicht.« Oder: »Ich möchte ja, aber ich weiß nicht, wie.« Vielleicht sagen Sie sich auch: »Natürlich möchte ich frei und glücklich sein. Aber möglichst nur zum halben Preis.«

Glücklichsein bekommen Sie nicht im Ausverkauf. Es kann Sie auch niemand glücklich machen, wenn Sie selbst nicht alles Ihnen Mögliche dazu beitragen. Und wenn Sie das erst einmal tun, können Sie mit jemandem anderen Ihr Glück teilen, aber Sie sind nicht mehr von ihm abhängig. Das alles sollten Sie bedenken.

3. Schritt
Wenn Sie lernen, sich selbst zu lieben, bleibt Ihnen manche Enttäuschung erspart

Unsere Welt ist voll von Menschen, die ständig auf der Suche nach Liebe sind, ohne genau zu wissen, was sie darunter verstehen. Ist es Zärtlichkeit, ist es die Angst vor dem Alleinsein? Manche sagen auch: »Ich möchte geborgen sein.« Also machen sie sich auf die Suche nach anderen Menschen, die ihnen alles das geben sollen – und werden enttäuscht.

Garantiert deshalb, weil es keinen anderen Menschen gibt, der Ihnen alle Ihre Sehnsüchte nach Liebe ein Leben lang erfüllen kann. Für kurze Zeit vielleicht. Aber wenn wir uns dazu entschlossen haben, nicht nur für ein paar Stunden glücklich zu sein, sollten wir uns darüber im klaren sein, was das bedeutet.

Es bedeutet: Aus eigener Kraft – und nicht, indem wir uns von anderen Menschen abhängig machen. Wenn unser Glück oder unsere Liebe von anderen Menschen abhängig sind, enden sie in dem Augenblick, in dem der andere nicht mehr mitspielt. Haben Sie diese Erfahrung nicht schon selbst gemacht?

Wie haben Sie darauf reagiert?

- Indem Sie dem die Schuld geben, der Sie enttäuscht hat?
- Indem Sie verzweifelt weitersuchen und hoffen, daß Ihnen irgendwann einmal doch noch die große Liebe begegnet?
- Oder haben Sie resigniert und reden sich ein: »Mir ist eben die große Liebe nicht vergönnt?«

Wenn Sie Ihr Lebensglück aus eigener Kraft gestalten, fängt alles bei Ihnen selbst an. Wirklich alles. Die Verantwortung für Glück und Unglück. Natürlich auch für die Liebe. Es bleibt Ihnen also gar nichts anderes übrig, als die Entscheidung zu fällen: »Ich liebe mich selbst, ehe ich die Liebe von irgend jemand anderem erwarte.«

Sagen Sie sich doch einmal gleich jetzt diese vier Worte vor: »Ich liebe mich selbst.« Vermutlich zögern Sie. Wahrscheinlich fällt Ihnen mindestens *ein* Grund ein, warum so eine Entscheidung nicht richtig sein kann. Oder darf. Manche denken sofort: »Das wäre ja reiner Egoismus.«

Wie recht sie haben, es *ist* reiner Egoismus. Was ist dagegen einzuwenden, außer daß wir dazu erzogen wurden, Egoismus sei unmoralisch und verwerflich? Ein Leben lang wird uns suggeriert, wir müßten auf andere mehr Rücksicht nehmen als auf uns selbst, müßten Opfer bringen, uns einordnen und solidarisch sein. Warum eigentlich? Was hat Ihnen das alles in Ihrem bisherigen Leben eingebracht? Wenn Sie darauf antworten: »Es hat mir Liebe und Glück gebracht«, dann sollten Sie möglichst rasch dieses Buch weglegen. Es würde Sie nur in Ihrem Glauben an die gute, heile Welt verunsichern, in der alle Menschen füreinander nur das Beste wollen – und es tatsächlich auch *tun*.

Wenn Sie allerdings zu dem Schluß kommen, daß Sie Ihr Glück nicht von anderen Menschen erwarten, sondern es aus eigener Kraft gestalten wollen, gibt es keine Alternative zu dem Bekenntnis: »Ich liebe mich selbst. Und zwar so, wie ich bin.«

4. Schritt
Machen Sie sich auf die Suche nach sich selbst.
Mit der einfachen Frage: »Wer bin ich *wirklich?*«

Sie haben es ja sicherlich schon gemerkt: Der Weg zum Glücklichsein führt nicht über ein paar Rezepte, Ratschläge oder Methoden, die man befolgt. Er führt direkt zurück zu uns selbst. Unser Glück beginnt bei uns selbst. Hier sollten wir es suchen und entdecken. Es beginnt bei Ihnen selbst. Aber wissen Sie wirklich, wer Sie sind?

- Sind Sie der, der Sie immer schon sein wollten?
- Sind Sie der, den Ihre Erziehung aus Ihnen gemacht hat?
- Sind Sie der, den Sie anderen vorspielen, um zu verhindern, daß sie durchschauen, wer und was Sie wirklich sind?

Wissen Sie, was der ungeheure Vorteil der Entscheidung ist, sein Leben und sein Glück *selbst* in die Hand zu nehmen? Er besteht darin, daß Sie selbst die Verantwortung dafür übernehmen. Es ist also nicht mehr notwendig, sich irgend jemandem gegenüber zu rechtfertigen.

Es ist nicht mehr notwendig, andere zu fragen: »Darf ich das?« Sie fragen jetzt: »Will ich das? Brauche ich das wirklich? Nützt es *mir*? Macht es *mich* glücklich?« Wahrscheinlich dachten Sie diese höchst egoistischen Fragen schon immer insgeheim. Aber Sie verdrängten sie wieder. Aus Schuldgefühl, weil man Sie dafür hätte kritisieren, verurteilen oder bestrafen können. Also haben Sie sich vermutlich letzten Endes doch dafür entschieden, die Rolle des braven, fleißigen, ehrlichen, abhängigen Bürgers zu spielen, die man von Ihnen erwartet.

Machen Sie sich keine Illusionen darüber: Niemand ist daran interessiert, daß Sie Ihr Glück aus eigener Kraft verwirklichen.

Alle wollen, daß Sie das tun, glauben, denken und kaufen, was man von Ihnen erwartet. Zu Ihrem Glück? Nein – zum Vorteil derer, die Ihnen einreden, was für Sie gut und richtig ist.

Das heißt: Wenn Sie selbst nicht wissen, was Sie wollen, worin Ihr Glück besteht, was Sie wirklich für Ihr Glück brauchen und wer Sie tatsächlich sind – reden es Ihnen die anderen ein.

Machen Sie sich also selbst auf die Suche danach. Lassen Sie sich von niemandem dabei helfen. Helfen Sie sich selbst. Denn jeder, der Ihnen hilft, rät Ihnen doch wieder nur zu der Rolle, die *er* für die richtige hält. Er will Ihnen die Maßstäbe *seiner* Überzeugung einreden. Ihr eigenes, Ihr ganz persönliches Glück aber bedarf Ihrer eigenen Maßstäbe und Vorstellungen für Ihr Leben und Ihr Glück.

Nehmen Sie, ohne lange zu zögern, ein Blatt Papier und falten Sie es in der Mitte. Schreiben Sie links: »Wer möchte ich sein, weil es mich auf meine Weise glücklich macht?« Schreiben Sie rechts: »Wer bin ich jetzt, und was hat mich bisher daran gehindert, so glücklich zu sein, wie ich sein möchte?«

Nehmen Sie sich alle Zeit, die Sie brauchen, um diese Fragen ehrlich für sich zu beantworten. Als ersten Schritt bei der Suche nach sich selbst – und Ihrem persönlichen Glück.

5. Schritt
Wenn Sie selbst nicht wissen, was Sie wollen, reden es Ihnen andere ein

Erinnern Sie sich noch an diesen Satz im vorangegangenen Kapitel: »Wenn Sie selbst nicht wissen, was Sie wollen, worin Ihr Glück besteht, was Sie wirklich brauchen und wer Sie tatsächlich sind, reden es Ihnen die anderen ein«?

Vermutlich ist dies die wichtigste Erkenntnis auf dem Weg zu Ihrem Glück. Es ist die Erkenntnis, daß wir uns von der Rolle befreien müssen, die andere uns aufzwingen oder aufdrängen, um uns für die Rolle zu entscheiden, die wir in unserem Leben tatsächlich spielen wollen. Nämlich uns selbst. Die Rolle, die uns buchstäblich auf den Leib geschrieben ist. Das setzt zwei Dinge voraus.

Erstens: Daß wir uns selbst *erkennen*.

Zweitens: Daß wir uns dazu *bekennen*.

Was unserem Glück sehr oft im Wege steht, ist die ständige Erziehung zu jemandem, der wir weder sind noch sein können. Niemand kann alle die Gebote, Verbote und moralischen Maßstäbe erfüllen, die uns die Gesellschaft – wer immer sie auch verkörpert – vorschreibt. Also verstoßen wir ständig dagegen. Wir müssen dagegen verstoßen, weil viele dieser Verpflichtungen unerfüllbar, veraltet, manche sogar unmenschlich sind.

Wir verstoßen dagegen und haben deshalb Schuldgefühle. Und Angst. Angst vor der Bestrafung, mit der man uns ständig bedroht. Dieser Zwiespalt ist es, der uns so zu schaffen macht. Wir haben Wünsche, die wir nicht haben dürfen – also verdrängen wir sie. Wir brechen die Regeln, die andere über unsere Köpfe und unsere Natur hinweg für uns aufgestellt haben – und fürchten uns vor der Bestrafung. Was tun wir also? Wir verdrängen sie.

Wir verdrängen sie aus Rücksicht auf andere und nehmen es auf uns, rücksichtslos gegen uns selbst zu sein. So lange, bis es uns krank macht. Oder denken Sie, viele Ängste, Depressionen, Magengeschwüre, Asthma, Migräne und eine Unzahl anderer psychosomatischer Leiden hätten *nicht* ihre Ursache in Verdrängungen?

Alles, was Sie verdrängen, sammelt sich in Ihrem Unterbewußtsein wie in einem Kochtopf ohne Ventil und bewirkt zunehmenden Druck. Wenn der Druck zu groß geworden ist, zerbricht etwas in Ihnen.

Um diesen Druck, der Sie an Ihrem Glück hindert, zu vermeiden, brauchen Sie ein Ventil. Dieses Ventil heißt:

- Erkennen Sie, was Sie tun wollen, weil es Sie glücklich macht.
- Bekennen Sie sich dazu, auch wenn andere es verboten haben.
- Und tun Sie es ohne Schuldgefühl.

Denn Ihr persönliches, befreiendes Glück ist unendlich wichtiger für Sie, als ein Leben lang in der Angst davor zu leben, Sie könnten etwas tun, das Ihnen andere – ohne Rücksicht auf Sie – verboten haben.

6. Schritt
Hören Sie auf sich. Sie haben sich bestimmt viel mehr zu sagen, als Sie vielleicht ahnen

Haben Sie schon einmal beobachtet, was in Ihren Gedanken geschieht, wenn ein Bedürfnis auftaucht, das Sie befriedigen wollen? Ein Wunsch vielleicht, der Sie glücklich machen würde? Entweder Sie konzentrieren sich sofort und ohne Zweifel darauf, wie Sie ihn sich erfüllen können. Oder Sie denken: »Darf ich denn das?«

Selbst wenn wir unverzüglich damit beginnen, an der Erfüllung zu arbeiten, kommen meistens später Zweifel ob das wirklich richtig ist, was wir da wollen. Zweifel wie: »Was würden denn da die anderen sagen?«, »Das kann ich den anderen doch nicht antun.« Oder: »Könnte mir das später nicht schaden?« Vielleicht fragen wir auch andere, wie sie darüber denken und lassen uns durch ihre Einwände von unserem Vorhaben abbringen. Die Folge ist Verdrängung.

Ist Ihnen schon einmal bewußt geworden, daß wir bei fast allem, was wir tun, viel mehr auf andere Leute hören als auf das, was wir selbst uns dazu alles zu sagen hätten?

- Wir kaufen, was in Mode ist oder weil es gerade besonders billig angeboten wird. Oder weil andere es auch gekauft haben.
- Wir glauben etwas, weil es uns jemand einredet, der es angeblich besser weiß als wir. Sexualwissenschaftler wissen viel besser, wie man richtig liebt. Ernährungswissenschaftler wissen, was gesund ist und was unser Körper unbedingt braucht. Wissen sie es wirklich besser?
- Ärzte wissen alles über unsere Krankheiten. Leider fragen wir sie meistens erst, wenn wir schon krank geworden sind.

- Gar nicht davon zu reden, auf welche Angebote wir uns blind verlassen, die uns ein glückliches Leben versprechen.

Warum fragen wir uns nicht zu allererst einmal selbst, was wir brauchen, um gesund und glücklich zu sein? Und mit welchen einfachen Mitteln, die in uns selbst vorhanden sind, wir es erreichen könnten?

Wir tun es nicht, weil wir uns nicht die Zeit dafür nehmen. Wir möchten uns schnelle Lösungen für unsere Probleme erkaufen, statt uns die Zeit zu nehmen, bei uns selbst danach zu suchen. Schließlich hat die Natur uns dazu ausgestattet, auch die schwierigsten Probleme zu lösen. Nicht nur die Probleme der Raumfahrt, auch die Probleme, die unserem Glück im Wege stehen.

Nehmen Sie sich doch ab sofort an jedem weiteren Tag Ihres Lebens eine Viertelstunde Zeit nur dafür, auf sich selbst zu hören. Nur eine Viertelstunde. Setzen Sie sich in eine stille Ecke. Machen Sie ein paar ruhige Atemzüge, entspannen Sie sich. Denken Sie: »Ich höre jetzt eine Viertelstunde lang nur darauf, was ich selbst mir zu sagen habe – über mich, meine Probleme, meine Stärken und die Lösungen, die ich selbst herbeiführen kann.« Schreiben Sie auf, was Ihnen dazu einfällt. Wenn Sie das wirklich an jedem Tag tun, werden Sie staunen, was geschieht.

7. Schritt
Glauben Sie an sich selbst mehr als an irgend jemand anderen

Manches in unserem Leben wissen wir, anderes glauben wir. Was unserem Glück sehr oft im Wege steht, ist die Unfähigkeit, Wissen und Glauben voneinander streng zu trennen.

Manches glauben wir zu wissen, aber wir wissen es gar nicht. Wir glauben es nur zu wissen, weil andere es uns solange eingeredet haben, bis wir daran glauben. Dabei ist der Glaube die starke Kraft, die uns Leistungen vollbringen läßt, die wir uns vorher niemals zugemutet hätten.

Der Großteil dessen, was wir an jedem Tag tun, beruht auf unserer Erkenntnis: »Das ist mir schon oft gelungen, also kann ich es.« Diese Erfahrung gibt uns Sicherheit. Wir haben eine Handlung lange genug eingeübt, also gibt es keinen Grund, daran zu zweifeln, daß wir es auch diesmal schaffen werden.« Wir glauben daran, daß wir es schaffen können. Deshalb gelingt es uns auch.

Was aber geschieht in unserem Denken, wenn wir uns etwas als Ziel stecken, von dem wir nicht aus Erfahrung wissen, ob es uns gelingen wird? Zwei Möglichkeiten stehen uns dann offen: Entweder wir zweifeln, oder wir glauben daran, daß es uns gelingen wird.

Dieser Glaube bedeutet, daß wir uns die Kraft zutrauen, etwas Neues zu schaffen. Wenn es uns gelingt, hat uns die Kraft des Glaubens dazu verholfen.

Dieser Glaube beginnt bei dem Gedanken: »Ich schaffe es.« Wenn wir denken: »Das habe ich noch nie gemacht, also riskiere ich es erst gar nicht«, siegen die Zweifel in unserem Denken über den Glauben an unsere eigenen Kräfte.

Wie Sie sehen, hängt das Erreichen vieler Ziele sehr oft davon ab, wie wir denken. Der Glaube beginnt bei unserem Denken. Wenn wir also unser Denken ganz bewußt mit der Formel trainieren: »Ich schaffe es, auch wenn ich nicht weiß, ob ich es schaffe«, trainieren wir damit auch den Glauben an unsere eigene Kraft.

An die *eigene* Kraft, unsere *eigenen* Ziele zu erreichen. Wenn wir das nicht tun, sondern an uns selbst zweifeln, suchen wir oft Zuflucht beim Glauben an andere Leute und deren Versprechungen wie: »Wenn du das tust, was ich dir sage, helfe ich dir dabei, es zu erreichen.« Dieser Glaube an andere und ihre Versprechungen macht uns davon abhängig.

Wenn Sie allerdings entschlossen sind, Ihr Glück aus eigener Kraft zu erreichen, gibt es für Sie gar keine andere Möglichkeit, als daran zu glauben, daß Sie alles, was Sie erreichen wollen, aus eigener Kraft erreichen werden. Sie können also diesen Glauben so lange durch den Gedanken: »Ich schaffe alles, was ich erreichen will, aus eigener Kraft« trainieren, bis er eines Tages stärker in Ihrem Denken verankert ist als alle Zweifel. Dann ist es nicht mehr notwendig, sich dem Glauben an andere Leute und ihre Ideen, Versprechungen und Angebote auszuliefern.

8. Schritt
Sagen Sie sich von heute an nie wieder: »Ich habe keine Zeit für mich«

Zu den verhängnisvollsten Ausreden in unserem ganzen Leben gehört der Satz: »Ich habe keine Zeit für mich.« Er ist das Bekenntnis zur Selbstverleugnung und bedeutet: »Alles andere ist mir wichtiger als ich selbst und mein eigenes Glück.«

Es mag durchaus sein, daß Sie die Entscheidung gefällt haben: »Mein Glück besteht darin, mein Leben anderen Menschen und ihrem Glück zu opfern.« Dann allerdings benötigen Sie nie wieder die Ausrede, für sich selbst keine Zeit zu haben.

Wenn Sie allerdings entschlossen sind, Ihr eigenes Glück aus eigener Kraft zu erreichen, übernehmen Sie dafür allein die Verantwortung. Sie selbst sind der Mittelpunkt Ihres Lebens. Nichts ist Ihnen wichtiger. Sie fragen nicht mehr zuerst: »Was muß ich für andere tun?« Sondern: »Was tue ich, weil es mich glücklich macht?«

Unterschätzen Sie diese Entscheidung nicht. Auch wenn sie Ihnen anfangs zu schaffen macht. Schließlich hat Ihnen die Gesellschaft ein Leben lang suggeriert: »Nimm zuerst Rücksicht auf andere. Ordne dich ein, ordne dich unter und passe dich an.« Ihre Entscheidung für sich selbst einerseits und andererseits die Erziehung zur Selbstverleugnung werden Sie immer wieder in Zweifel stürzen. Mit Fragen wie:

- Ist meine Arbeit, die Firma, die Familie, sind meine Freunde wichtiger als ich?
- Ist das Geld wichtiger als mein Glück?
- Sind mir gesellschaftliche Verpflichtungen wichtiger?

Natürlich werden Sie bei Ihrer Mitwelt anecken, die Sie bisher für ihre Absichten benutzt und ausgenutzt hat. Aber die Entscheidung: »Zuerst lebe ich für mein eigenes Glück und dann erst für das Glück der anderen« bedeutet keinesfalls, daß Ihre Mitwelt darunter leiden muß. Ganz im Gegenteil.

Ein Mensch, der aus eigener Kraft glücklich und unabhängig wurde, ist ein besserer Partner als einer, der mit seinen Problemen nicht fertig wird und sie auf seine Umgebung überträgt. Wer an jedem Morgen glücklich und selbstbewußt das Haus verläßt, ist bei der Arbeit nicht durch seine ungelösten Probleme abgelenkt. Er strahlt Harmonie aus statt Unsicherheit.

Eines allerdings muß seine Mitwelt zur Kenntnis nehmen: Er kann von ihr nicht mehr so leicht verunsichert, manipuliert und ausgenutzt werden. Er weiß selbst, was er will und braucht. Er geht seinen eigenen Weg und entscheidet selbst, was für ihn richtig ist. Auch wenn das anderen nicht behagen mag, letzten Endes wir man ihn bewundern.

Um alle diese Vorteile zu erlangen, bedarf es allerdings des ständigen Trainings der eigenen Kräfte, die für Glück, Unabhängigkeit und Selbstsicherheit erforderlich sind. Und für dieses Training sollten Sie sich täglich die Zeit nehmen, die erforderlich ist.

9. Schritt
Ein großes Hindernis für Ihr Glück ist die Angst,
etwas falsch zu machen

Ungezählte Wünsche in unserem Leben bleiben unerfüllt, und das
nur aus dem einzigen Grund, weil wir Angst davor haben, etwas
falsch zu machen. Wir sagen: »Das lasse ich lieber bleiben, sonst
mache ich mich noch lächerlich.« Oder: »Das Risiko ist mir zu
groß.« Wir verdrängen statt zu riskieren, obwohl wir längst
wissen sollten, welche Folgen die ständige Verdrängung haben
kann.

Wer beurteilt eigentlich, ob wir etwas falsch oder richtig machen?
Wer legt die Maßstäbe fest, an denen unser Handeln gemessen
wird? Wer sind die Leute, deren Kritik wir fürchten? Haben Sie
darüber schon einmal nachgedacht?

Es sind immer *andere* Leute, die uns nach ihren Vorstellungen
bewerten. Wenn wir das tun, was sie von uns erwarten, loben sie
uns. Wenn wir es nicht tun, ist es in ihren Augen falsch. Wenn
wir aber entschlossen sind, uns aus eigener Kraft nach eigenen
Vorstellungen glücklich zu machen, bestimmen wir selbst, was
für uns falsch und richtig ist.

Wenn wir die Verantwortung für unser Handeln selbst übernehmen, sind wir niemandem mehr eine Rechtfertigung schuldig.
Und wenn wir entschlossen sind, aus allen Fehlern zu lernen,
brauchen wir sie nicht mehr zu fürchten. Ganz im Gegenteil:
Dann sind sie nützliche Hinweise darauf, welche Fähigkeiten wir
uns noch aneignen müssen, damit uns das gelingt, was wir uns als
Ziel gesteckt haben.

Nach eigenen Maßstäben zu leben, ist der befreiende Schritt aus
der Abhängigkeit vom Urteil anderer. Die vage Wertung »Das tut
man nicht« gilt nicht mehr. Wer ist schließlich dieser ominöse
vielzitierte »man«, der uns daran hindert, etwas zu tun, was uns

glücklich machen würde? Kennen Sie ihn? Hilft er Ihnen, wenn Sie in Schwierigkeiten sind?

Die Angst, etwas falsch zu machen, ist allerdings sehr oft auch nur die Entschuldigung vor sich selbst, etwas nicht zu tun. Aber woher sollten wir wissen, ob diese Angst überhaupt berechtigt war, wenn wir uns nicht die Chance geben, es herauszufinden?

Tun Sie, was Sie tun wollen, dann wissen Sie es. Es gibt immer zwei Möglichkeiten, mit einer Angst fertig zu werden: Entweder Sie laufen vor ihr weg, oder Sie gehen auf sie zu mit dem Glauben daran: »Ich bin stärker als du, Angst.«

Je öfter Sie sich dieser Herausforderung stellen und je öfter Sie dabei den Sieg davon tragen, um so stärker wird Ihr Selbstbewußtsein. Bis Sie sich davon überzeugt haben: »Ich brauche mich vor nichts zu fürchten, wenn ich daran glaube, daß ich alles erreichen kann, was mich glücklich macht.«

10. Schritt
Die fünf verhängnisvollen Wege, vor sich selbst davonzulaufen

Was immer wir im Leben erreichen wollen, stößt irgendwann einmal auf Hindernisse. Auch wenn wir uns noch so frohen Mutes auf den Weg machen, einmal kommt der Augenblick des Zweifelns.

Auf diese Krise sollten Sie vorbereitet sein, damit Sie nicht daran scheitern. Die beste Vorbereitung besteht darin, sich bewußt zu machen, daß jede Krise eine Entscheidung verlangt. Die Entscheidung: »Flüchte ich vor ihr oder überwinde ich sie?«

Wenn Sie sich zur Flucht entscheiden, sollten Sie keine falschen Erwartungen haben. Keine Flucht, und wenn sie anfangs noch so verlockend erscheint, löst Ihr Problem. Das Problem ist in Ihnen und begleitet Sie. Sie können es verdrängen oder für einige Zeit vergessen, aber es ist immer da und beschäftigt Sie. Sie können einem Problem nur entkommen, wenn Sie es lösen. Das sollten Sie sich bewußt machen, ehe Sie die Flucht ergreifen.

Und da ist noch etwas, das Sie wissen sollten: Jeder gelungene Versuch, ein Problem zu lösen, ist ein Trainingsschritt zur Stärkung Ihres Selbstbewußtseins. Jede Flucht ist ein Trainingsschritt zur Schwächung Ihres Selbstbewußtseins.

Im Augenblick der Krise neigen wir dazu, uns eine Flucht als Lösung einzureden. Um diesen Selbstbetrug zu verhindern, ist es nützlich, die Flucht als solche rechtzeitig zu entlarven.

Hier sind die fünf häufigsten Flucht-Variationen:

1. Die Flucht in die Arbeit: Geschäftigkeit, das Geld, der gute Ruf und der Erfolg, den Sie damit erringen, mögen Ihnen die Bewunderung Ihrer Mitwelt einbringen. Aber wenn Sie das persönliche Glück als Ihr wichtigstes Lebensziel betrachten,

ist es wichtiger, zuerst an sich selbst und dann erst an die anderen zu denken.

2. Die Flucht in die Autorität: Wenn Sie Ihre eigenen Wünsche kraft Ihrer Autorität bei anderen Menschen durchsetzen, bedeutet es sehr oft nichts anderes, als daß Sie andere erniedrigen, um sich selbst zu erhöhen. Aber niemand kann glücklich sein, wenn er andere unglücklich macht. Die Autorität, die Sie durch Ihr Wissen bei anderen erlangen, ist oft nur ein Ersatz für das Versäumnis, alles über sich selbst zu wissen.

3. Die Flucht in das Vergessen: Ein Problem zu vergessen, heißt nichts anderes, als es für einige Zeit aus dem Bewußtsein zu verdrängen. Aber Ihr Unterbewußtsein vergißt nur gelöste Probleme.

4. Die Flucht in die Ferne: Wenn Sie dort nicht glücklich sind, wo Sie sind, werden Sie auch im schönsten Land der Welt nicht glücklicher sein.

5. Die Flucht in die Projektion: Wenn Sie der Sieg eines Helden, mit dem Sie sich identifizieren, heute auch noch so glücklich macht – dieses Glück ist vorbei, wenn er eines Tages zum Verlierer wird und Sie sich einen neuen Helden suchen müssen. Damit er für Sie die Siege erringt, die Sie sich selbst nicht zutrauen.

11. Schritt
Nutzen Sie Ihre Phantasie, um sich Ihr Leben so auszumalen, wie Sie es gerne leben möchten

»Nicht der Wille ist der Antrieb unseres Handelns, sondern unsere Vorstellungskraft.« Zu dieser Erkenntnis gelangte zu Beginn dieses Jahrhunderts ein gewisser Emile Coué, der Begründer der Autosuggestion, einer Technik der Selbstbeeinflussung. Mit anderen Worten: Wenn Sie sich mit Hilfe Ihrer Phantasie das, was Sie erreichen wollen, in den schönsten Farben ausmalen, wird es zur Triebkraft Ihres Handelns. Dann geschieht es eines Tages ganz von selbst.

Unsere Vorstellungskraft, also unsere Phantasie, ist stärker als der Wille. Wissen Sie, was das für Sie bedeuten kann? Es bedeutet, daß Sie Ihr Leben nach eigenen Vorstellungen verändern können, wenn Sie die Kraft Ihrer Phantasie entdecken und täglich trainieren.

Wie in vielen Dingen, haben Sie zwei Möglichkeiten, Ihre Phantasie einzusetzen:

- Sie können sich ausmalen, wie schlecht es Ihnen geht, wie unglücklich und hilflos Sie sind. Oder wie wichtig es ist, etwas zu besitzen, was andere Ihnen einreden.
- Oder Sie können sich ausmalen, wie glücklich Sie sind. Oder wie großartig es sein wird, wenn Sie eines Tages erreicht haben werden, was Sie sich wünschen.

Auf diese Weise eilt unsere Phantasie der Erreichung eines Ziels voraus. Sie gibt uns den Antrieb zum Handeln. Entscheidend allerdings ist dabei, ob wir das Ziel unseres Handelns selbst bestimmen oder ob wir es anderen überlassen. Der Werbung, zum Beispiel, die uns im Fernsehen ein Produkt so lange in den schönsten Farben und Sprüchen vorgaukelt, bis wir es kaufen.

Warum also benutzen Sie Ihre Phantasie nicht ganz einfach dazu, sich in den schönsten Farben vorzugaukeln, was Sie selbst unbedingt erreichen wollen? So lange und so eindringlich wie die Werbeleute – bis Sie das tun, Sie selbst tun wollen.

Wenn Sie diese faszinierende Methode der Selbstbeeinflussung einmal erkannt haben, ist sie der Schlüssel zur Veränderung Ihres Lebens nach Ihren eigenen Vorstellungen.

So unglaublich es auch klingen mag, aber Sie können sich damit Krankheit, Unglück oder Versagen so lange eindringlich vorstellen, bis sich diese Phantasien verwirklichen. Oder Sie besiegen alle Ihre Zweifel und Ängste damit, daß Sie sich schon am Morgen ausmalen, wie Sie alle Hindernisse, die sich Ihnen während des Tages entgegenstellen, erfolgreich bewältigen.

Zugegeben, es ist nicht ganz so einfach, die Kraft der eigenen Phantasie dafür einzusetzen, unser Leben zu bestimmen. Schließlich sind Legionen von Leuten damit beschäftigt, sie zu unterdrücken und uns die Arbeit des selbständigen Denkens abzugewöhnen. Sie alle nutzen ihre Kreativität dazu, unsere Phantasie in die Richtung zu lenken, die *ihnen* nutzt. Es liegt also an uns, die eigene Phantasie zum eigenen Nutzen einzusetzen. Fangen Sie doch gleich heute damit an.

12. Schritt
Befreien Sie sich von dem Vorurteil, alles Gute
sei nur gut und alles Schlechte sei nur schlecht.
Alles im Leben hat zwei Seiten

Alles im Leben hat zwei Seiten. So selbstverständlich das auch
klingen mag, so wenig beachten wir es bei vielen unserer Entscheidungen. Und haben dann darunter zu leiden.

Kaum anderswo zeigt es sich deutlicher, als in der Partnerschaft.
Vor der Ehe zeigen sich die Partner von ihren besten Seiten.
Nachher entlarvt die Routine des nüchternen Alltags, was vorher
bewußt oder unbewußt verborgen blieb: die andere Seite der
Medaille.

Der Grund dafür liegt auf der Hand: Jeder will, daß seine Mitwelt
ihn so sieht, wie er gesehen werden möchte. Das gilt für die
Partnerschaft genauso wie für alles, was uns angeboten wird.
Oder haben Sie in der Werbung schon einmal erlebt, daß man Sie
auch auf die Nachteile eines Produkts aufmerksam macht?

Die Dinge des Lebens nur von einer Seite zu betrachten, ehe wir
uns dafür oder dagegen entscheiden, liegt in der Arglosigkeit
unseres Denkens. Wir denken in den Begriffen von Gut und
Schlecht und Richtig und Falsch, statt uns die Binsenweisheit
bewußt zu machen, daß alles, wirklich alles im Leben, zwei Seiten
hat. Vor allem wir selbst.

Wer bestimmt schließlich, was gut und was schlecht ist? Wir
sagen voreilig: »Das ist gut«, ohne zu überlegen, ob es auch für
uns, hier, heute und auch noch morgen wirklich gut ist. Wie oft
stellen wir dann fest, daß etwas ganz anders ist, als die gefällige
Verpackung es versprochen hat.

Meistens war es nur die Ungeduld, mit der wir uns entschieden
haben. Nachher stellt sich heraus, daß uns das vermeintlich Gute
mehr Probleme bringt als Vorteile. Ist es nicht so?

Drei Fragen können Ihnen dabei helfen, auch die Kehrseite einer glitzernden Medaille nicht zu übersehen:

1. »Welchen Nachteil hat der Vorteil, den ich bis jetzt kenne?«
2. »Was nützt es mir wirklich?«
3. »Warum soll ich mich gerade jetzt entscheiden und nicht erst später, wenn ich Vorteil und Nachteil gründlich abgewogen habe?«

Wer immer uns zu einer Entscheidung drängen will, zeigt uns nur die gute Seite seines Angebots auf und will verhindern, daß wir kritisch prüfen. Er will unsere Phantasie in seine Richtung drängen, nährt unsere Hoffnungen und verspricht uns eindringlich alles, was wir uns wünschen. So lange, bis wir es glauben.

Wenn Sie Ihr Leben nach eigenen Maßstäben leben und nicht nach den Angeboten anderer, sollten Sie selbst wissen, was Sie wollen. Damit Sie die einseitige Versuchung nach den Maßstäben überprüfen können, die für *Sie* richtig sind, ehe Sie entscheiden. Um diese Prüfung vorzunehmen, sollten Sie sich genügend Zeit lassen. Auch wenn man Sie zu einer schnellen Entscheidung drängen möchte.

13. Schritt
Wie Sie nach dem Aufwachen denken,
so denken Sie den ganzen Tag. Beginnen Sie
ihn mit dem Gedanken: »Ich bin heute glücklich,
egal was passiert.«

Wenn Sie die vorangegangenen zwölf Kapitel dieses Buches gelesen haben, ist Ihnen vielleicht bewußt geworden, daß jede Veränderung in Ihrem Leben von drei Schritten abhängt:

1. Sie sollten erkennen, wer Sie sind und was Sie in Ihrem Leben wirklich erreichen wollen, um glücklich zu sein.
2. Wenn Sie es wissen, sollten Sie die eindeutige Entscheidung fällen, an diesem Ziel für den Rest Ihres Lebens zu arbeiten. Und zwar an jedem einzelnen Tag. Wenn es Ihnen manchmal nicht gelingt, haben Sie trotzdem die Sicherheit: »Ich werde morgen weiter daran arbeiten, auch übermorgen und überübermorgen.«
3. Jede Veränderung zum Besseren bedarf des täglichen Trainings Ihrer Fähigkeiten zur Lösung der Probleme, die Ihrem Glück im Wege stehen.

Und noch etwas sollten Sie erkannt haben: Sie sind so, wie Sie denken, und wie Sie immer wieder denken, so handeln Sie auch. Denn nichts ändert sich, wenn Sie nicht handeln. Sie kommen Ihrem Ziel nur dann Schritt für Schritt näher, wenn Sie die dafür notwendigen Fähigkeiten so lange trainieren, bis sie zur selbstverständlichen Gewohnheit geworden sind.

Wenn Sie an jedem Tag Ihres Lebens das Glücklichsein einüben, beginnt das Training damit, daß Sie schon beim Aufwachen an jedem Morgen Ihr Denken mit dem Vorsatz füttern: »Ich bin heute glücklich, egal was passiert.«

Vielleicht fragen Sie jetzt zweifelnd: »Wie kann ich denn so etwas denken, wenn ich doch in Wahrheit sooo unglücklich bin?« Solange Sie diese Frage stellen, haben Sie die wichtigste Entscheidung noch nicht gefällt. Die Entscheidung: »Ich ersetze von heute an die Zweifel an mir und meiner Kraft durch den Glauben daran, daß ich alles erreichen kann, was ich erreichen will.«

Diese Veränderung Ihrer Zweifel-Gedanken zum Ich-glaube-an-mich-Denken können Sie nur dadurch erreichen, daß Sie diesen Glauben einüben. Immer wieder. An jedem Morgen. So lange, bis der Glaube immer stärker und die Zweifel immer schwächer werden.

Das Training des Glaubens an sich und Ihr Glück unterliegt den gleichen Gesetzen wie das Training Ihrer Muskulatur. Wenn Sie sich heute vornehmen, Ihre Armmuskeln so zu stärken, daß Sie 100 Liegestützen zuwege bringen, obwohl Sie vorerst nur zehn schaffen, können Sie Ihr Ziel nur dadurch erreichen, daß Sie die Leistung Schritt für Schritt steigern. Vorerst mit täglich zehn Liegestützen, nächste Woche mit 15, dann 20 und so weiter. Unermüdlich. Jeden Tag. Bis Sie eines Tages 100 schaffen.

Trainieren Sie also das Glücklichsein täglich immer wieder mit der Formel: »Ich bin heute glücklich, egal was auch passiert.« So lange, bis dieses Denken stärker geworden ist als alle Zweifel.

14. Schritt
Fürchten Sie sich vor keiner Niederlage,
aus der Sie lernen können, beim nächsten Mal
alles besser zu machen

Zu den größten Ängsten, die unserem Glück im Wege stehen, gehört die Angst vor Niederlagen. Wir erfüllen uns ungezählte Wünsche nur deshalb nicht, weil wir in unserer Phantasie die Niederlage heraufbeschwören. Wir denken: »Ich tue es lieber nicht, sonst könnte ich enttäuscht sein, wenn ich es nicht schaffe.« Oder wir denken: »Wenn ich wieder einmal versage, werde ich von anderen kritisiert oder ausgelacht.«

Wir tun etwas *nicht*, und das nur aus Angst vor einer Niederlage. Wir verdrängen unseren Wunsch, statt zu handeln und an nichts anderes zu denken als daran, wie wir die Probleme am besten lösen könnten, die sich uns in den Weg stellen.

Wenn Sie, zum Beispiel, Englisch lernen möchten, werden Sie es nie schaffen, wenn Sie mit Engländern, denen Sie begegnen, immer nur Deutsch sprechen, aus Angst davor, sich lächerlich zu machen. Mit der Ausrede: »Ich kann's ja noch nicht richtig.« Sie werden Englisch nur dann »richtig« lernen, wenn Sie jede Gelegenheit nützen, um es zu üben. Und das erste Prinzip des Übens lautet: »Es so oft wiederholen, bis Sie es können.« Das zweite Übungsprinzip lautet: »Aus jedem Fehler lernen, es beim nächsten Mal besser zu machen.«

Alles, was wir im Leben *können* möchten, natürlich auch das Glücklichsein, erreichen wir nur dadurch, daß wir es durch Übung lernen. Wenn wir aus Angst vor einer Niederlage nicht handeln, üben wir dadurch mit jedem Mal, wie man Lösungen durch Ausreden ersetzt. Wir üben das Verdrängen von Wünschen. Aber wie Sie längst wissen, hat die intelligenteste Ausrede noch kein Problem gelöst. Und: Verdrängen macht krank.

Der Grund, warum wir uns vor möglichen Niederlagen fürchten, liegt vermutlich in unserer Erziehung zum Siegen-Müssen. Dieser Zwang zum Erfolg ist die Ursache unserer Angst vor Niederlagen. Deshalb sollten Sie sich die »andere Seite« einer Niederlage bewußt machen. Einerseits setzt sie uns natürlich manchmal der Kritik und der Verhöhnung durch andere aus. Aber wenn wir uns dadurch am Handeln hindern lassen, werden wir es vermutlich niemals schaffen, von anderen bewundert zu werden.

Und da ist noch etwas: Wenn Sie beschlossen haben, Ihr Glück nicht von anderen Leuten und ihrer Kritik abhängig zu machen, übernehmen Sie für alles, was Sie tun, selbst die Verantwortung. Das bedeutet: Sie sind niemand anderem für Ihr Handeln verantwortlich. Ganz davon abgesehen, daß nicht einige Leute um Sie herum Sie nur deshalb für einen Fehler kritisieren, um sich damit auf Ihre Kosten besser zu fühlen.

Um es noch deutlicher zu sagen: Manche Leute erniedrigen andere, um sich damit selbst zu erhöhen. Die Schadenfreude über die Niederlage eines anderen ist sehr oft auch nichts anderes als die Unfähigkeit, aus den Fehlern anderer zu lernen.

Das alles sollten Sie bedenken, ehe Sie wieder einmal einen Wunsch verdrängen, um eine nützliche Niederlage zu vermeiden.

15. Schritt
Träumen Sie den Traum vom glücklichen Leben,
aber vergessen Sie nicht: Einmal kommt der Tag,
an dem Sie handeln müssen

Haben Sie schon einmal bedacht, daß wir – alle von uns – in
zwei Welten leben? In der Welt der nüchternen, manchmal
unmenschlich erscheinenden Realität. Und in der Welt der
Wunschträume, der Illusionen, die wir in unserer Phantasie entwickeln?

Wer nur den nüchternen Teil seiner Welt erlebt, hat niemals eine
Chance, sich seine schönsten Träume zu erfüllen. Wie auch? Er
glaubt nur an das, was er sieht, kennt und zu verstehen glaubt. Er
läßt andere für sich träumen, weil er selbst aufgehört hat, seine
eigenen Träume zu haben.

Ist der »Traumurlaub«, den Ihnen professionelle Traum-Erfinder
in Prospekten anpreisen, tatsächlich der Traum, der Ihre Sehnsüchte erfüllt? Sie sehen die Bilder, lesen die verführerischen
Texte und Versprechungen – und allmählich beginnen Sie den
Traum mitzuträumen, den andere Ihnen in den Kopf gesetzt
haben.

Andere lösen Ihre Träume aus. Aber es sind nicht Ihre eigenen
Träume. Es sind nicht einmal die Träume der Leute, die sie
erfinden. Es ist das Geschäft mit Ihren Träumen.

Ihre eigenen Träume können nur in Ihnen selbst aus Ihren ganz
persönlichen Wünschen und Bedürfnissen entstehen. Und nur Sie
selbst können sie sich erfüllen. Vorausgesetzt natürlich, Sie kennen den Mechanismus von Traum und Erfüllung – und bringen
ihn in Gang. Hier ist der Ablauf dieses Mechanismus:

- Zuerst kommt die Fähigkeit, seine eigenen Wunschträume
  träumen zu können. Sie zuzulassen und zu nähren. Wenn wir

51

keine eigenen Träume entwickeln, beziehen uns andere in ihre Träume ein.

- Dann kommt der Mut, den großen Lebenstraum zu träumen, ohne ihn vorzeitig mit nüchternen Selbstzweifeln abzutöten wie: »Du bist ja verrückt, an so etwas überhaupt nur zu denken.« Oder: »Dieser Traum wird sich wohl nie erfüllen.«
- Dann ist die Beharrlichkeit wichtig, an seinem Wunschtraum festzuhalten, besonders in den Krisenphasen des Lebens, wenn der nüchterne Alltag uns zu erdrücken droht.
- Schließlich müssen wir den kritischen Zeitpunkt überwinden, an dem es sich entscheidet, ob der Traum nur ein Traum bleibt oder wir den entscheidenden Schritt zurück in die Wirklichkeit wagen – zu seiner Verwirklichung.

Unsere Wunschträume können Fluchtwege vor der Realität sein, oder sie sind der starke Motor, der uns zum Handeln treibt. Wenn wir einem Traum lange genug nachhängen und uns seine Erfüllung immer wieder vorstellen, ist es nichts anderes als mentales Training, Selbstsuggestion oder das, was man unter der Technik des positiven Denkens versteht.

Wir sollten diese Möglichkeit nutzen, statt in den Chor der Leute einzustimmen, die der Vernunft, dem starken Willen und unermüdlichem Fleiß das große Loblied singen und behaupten, nur dies und nichts anderes sei der Schlüssel zum Erfolg. Wer träumt und seine Träume verwirklicht, nutzt die Kraft seiner Phantasie. Und die ist – wie wir wissen – stärker als der Wille.

16. Schritt
Stecken Sie sich ein großes Ziel, um es in vielen kleinen Schritten zu erreichen

Der Mechanismus von Traum und Erfüllung, von dem im vorangegangenen Kapitel die Rede war, bestimmt den Weg zur Veränderung unseres Lebens. Veränderung bedeutet schließlich, daß wir Dinge tun, die wir bisher noch nicht getan haben. Vielleicht aus Angst vor dem Ungewissen. Vielleicht aus Bequemlichkeit. Unsere ganze lebenslange Erziehung beruht darauf, daß andere uns beibringen, was wir tun müssen, um so zu werden, wie sie es von uns erwarten. Die anderen, das sind die Eltern und Lehrer, die Gesellschaft und alle, die daran interessiert sind, daß wir uns ein- und unterordnen. Sie sind daran interessiert, daß wir ein Leben führen, daß nicht unseren eigenen, sondern *ihren* Vorstellungen entspricht.

Sich nach eigenen Vorstellungen zu verändern, bedeutet nichts anderes, als aus dem Mechanismus der Fremd-Erziehung auszubrechen und unsere Erziehung selbst zu übernehmen. Nicht mehr die anderen suggerieren uns ihre Träume und drängen uns zur Erfüllung – wir selbst steuern diesen Mechanismus.

Unsere Erziehung beruht darauf, daß sie uns lange genug Ziele und Maßstäbe vorgibt und uns bedroht und bestraft, bis wir Jahr für Jahr in kleinen Schritten so werden, wie man es uns vorschreibt. Wenn wir uns selbst erziehen, geben wir uns eigene Ziele vor und üben sie Schritt für Schritt ein, bis wir sie durchgesetzt haben. Der Mechanismus bleibt gleich, nur die Methode ist grundverschieden: Die Motivation unseres Handelns ist nicht mehr die Angst vor Strafe, sondern die Entscheidung, aus eigener Kraft das eigene Glück zu erlangen.

Das eigene Glück und die persönliche Freiheit, die damit verbunden ist, bedarf der gleichen Beharrlichkeit, mit der andere unentwegt versuchen, uns ihren Vorstellungen und Zielen unterzuordnen. Schritt für Schritt, mit immer neuen Zwängen und Versuchungen. Sie machen uns angst und nutzen sie, indem sie uns ihre Hilfe anbieten. Wenn wir an uns selbst zweifeln, sind sie zur Stelle und machen uns Hoffnung. Sie ersetzen den fehlenden Glauben an uns durch den Glauben an *sie*.

Das ist das Geheimnis der Erziehung durch kleine beharrliche Schritte, denen wir Tag für Tag in allen Lebenslagen ausgesetzt sind. Eine bewährte Methode, der wir nur entrinnen können, wenn wir sie genauso beharrlich anwenden, um uns nach unseren eigenen Vorstellungen zu beeinflussen.

Zugegeben, kein leichtes Unterfangen. Aber wer beschlossen hat, an sich selbst mehr zu glauben als an andere, nach seinen eigenen Vorstellungen zu leben und seine Kräfte täglich zu trainieren, wird allmählich immun gegen die Zweifel, die seiner Veränderung im Wege stehen. Er kann sich die höchsten Ziele setzen, weil er sein Glück nicht vom Zufall abhängig macht, sondern von den kleinen Schritten, an denen er täglich arbeitet.

17. Schritt
Alles, was Sie können wollen, müssen Sie so lange trainieren, bis es ganz von selbst geschieht

Wenn Sie diesen Satz lesen, denken Sie vielleicht: »Die Geschichte mit dem täglichen Training meiner Kräfte, die kenne ich jetzt schon zur Genüge.« Mag sein. Davon war in den vorangegangenen Kapiteln auch schon oft genug die Rede. Sie kennen es. Aber tun Sie es auch? Trainieren Sie deshalb schon Ihre inneren Kräfte täglich? Wachen Sie mit der Glücks-Formel auf, nehmen Sie sich täglich eine Viertelstunde Zeit – nur für sich? Ersetzen Sie Zweifel durch die Ich-schaffe-es-Formel?

Etwas zu können – wie Sie wissen –, bedeutet, etwas so lange einzuüben, *bis* Sie es können. Üben aber bedeutet, etwas, das Sie können möchten, so lange zu wiederholen, bis es eines Tages ganz von selbst geschieht.

Dieses Buch enthält nichts, was Sie nicht schon längst wissen könnten. Ganz bestimmt wissen Sie schon seit vielen Jahren, daß Sie glücklich sein möchten. Aber sind Sie es deshalb schon? Eher ist das Gegenteil der Fall. Und warum? Ganz einfach: Weil Sie den Weg vom Wünschen zum Erfüllen nicht bewußt und beharrlich gegangen sind.

Wer Ihre Arbeits- oder Kaufkraft täglich für seine Ziele nutzen will, begnügt sich nicht damit, es Ihnen ein für allemal zu sagen. Er bringt es Ihnen auf irgendeine Weise unermüdlich bei. Sonst wäre es wohl nicht erforderlich, daß die Waschmittelfirmen die Hausfrauen mit Millionenaufwand tagtäglich im Fernsehen ermahnen, ihr Produkt und nicht das der Konkurrenz zu kaufen. So lange, bis sie es kauft und immer wieder kauft. Bis es ihr vertraut geworden ist und sie im Supermarkt ganz automatisch danach greift. Ganz automatisch. Ohne lange nachzudenken.

So gesehen, sollten Sie dieses Buch nicht als eine Sammlung von

Informationen betrachten, die Sie schon längst kennen. Sondern vielmehr als die ständige Ermunterung, sich nicht mit dem Wissen allein zu begnügen. Die ungeduldige Abwehr solcher Ermahnungen durch Gedanken wie: »Das weiß ich ja schon längst« oder »Das habe ich jetzt schon oft genug gelesen« gehören zu den Killer-Phrasen, mit denen wir unsere Wünsche begraben, noch ehe wir sie zum Leben erweckt haben.

Keiner der großen Stars im Tennis oder Fußball gewinnt ein Turnier, weil er schon längst weiß, wie man Bälle schlägt oder Tore schießt. Es gelingt ihm nur deshalb, weil er unentwegt übt, was er schon längst kann. Auch wenn er es manchmal satt hat, weiter zu trainieren, wird ihn sein Trainer trotzdem veranlassen, sein Können weiter einzuüben.

Wer damit begonnen hat, sein eigenes Leben nach eigenen Zielen zu führen und zu trainieren, hat keinen Trainer. Niemand setzt ihn unter Druck, er selbst muß sich immer neu dazu motivieren. Das sollten Sie nicht vergessen. Es ist der Preis der Selbsterziehung.

Übrigens: Was haben Sie heute tatsächlich schon konkret getan, um die Kräfte zu trainieren, die zum Glücklichsein erforderlich sind?

18. Schritt
Machen Sie sich eine Liste der Menschen und Dinge, vor denen Sie sich am meisten fürchten

Weil die Angst zu den größten Hindernissen des Glücklichseins gehört, sollten wir nicht müde werden, uns damit auseinanderzusetzen. Nicht allgemein, indem wir vielleicht ein Buch darüber lesen und dann sagen können: »Jetzt weiß ich alles über die Angst.« Allgemeines Wissen ist, und das sollten wir uns eingestehen, sehr oft nichts anderes als eine Ausrede dafür, uns ganz konkret in eigener Sache damit zu beschäftigen.

Um zu lernen, mit seinen Ängsten richtig umzugehen, sind zwei Maßnahmen erforderlich: Das Bewußtmachen ihrer Ursachen und das Trainieren der Selbstsicherheit. Wer sich seiner sicher ist, wer weiß, was er will, und an sich glaubt, braucht sich vor seinen Ängsten nicht mehr zu fürchten. Das mag unglaubwürdig klingen für jemanden, dem ein Arzt eröffnet hat: »Sie leiden an endogener Depression. Gegen diese unheilbare Krankheit müssen Sie ein Leben lang Medikamente einnehmen.« Aber kann das ein Grund dafür sein, sich nicht trotzdem selbst mit seinen Ängsten auseinanderzusetzen. Ihre Ursachen aufzuspüren und seine Selbstsicherheit zu trainieren?

Beginnen Sie mit der einfachen Frage: »Wovor und vor wem fürchte ich mich am meisten – und *warum*?« Denken Sie nicht einfach nur daran, schreiben Sie es auf. Stellen Sie eine Liste Ihrer größten Ängste auf. Machen Sie eine gründliche Angst-Inventur. Teilen Sie Ängste in drei Gruppen ein:

- Ängste, die Sie jetzt beschäftigen und hemmen.
- Ängste aus der Vergangenheit, die vielleicht schon in Ihre Kindheit zurückgehen.
- Zukunftsängste.

Schreiben Sie alles auf, was Ihnen dazu einfällt. Schreiben Sie wirklich alles auf. Denn schon das Schreiben ist ein wichtiges Instrument der Konkretisierung. Wenn Sie nur daran denken, sind Sie ständig in Versuchung, unangenehmen Erinnerungen auszuweichen. Das Schreiben hilft, Gedanken zu Ende zu denken.

Legen Sie Ihre Angst-Liste nicht nach den ersten Eintragungen weg. Vor allem nicht, wenn die ersten Widerstände in Ihnen auftauchen. Weil Sie vielleicht auf Erinnerungen stoßen, die Sie jahrelang verdrängt haben. Bohren Sie weiter. Hören Sie nicht auf, nach dem »Warum« zu fragen:

- Warum habe ich vor X so große Angst?
- Warum kann ich von dieser Sache damals in meiner Kindheit bis heute nicht loskommen?
- Warum fürchte ich mich heute schon vor etwas, von dem ich noch gar nicht weiß, ob es überhaupt jemals eintreffen wird?

Natürlich befreit Sie diese Inventur noch nicht von Ihren Ängsten. Aber eines geschieht mit Sicherheit: Sie stellen sich ihnen, statt vor ihnen davonzulaufen. Und es kann durchaus sein, daß manche Ängste ihren Schrecken verlieren, wenn Sie sie näher in Augenschein genommen und aufgeschrieben haben.

19. Schritt

**Stellen Sie eine Liste der fünf Dinge auf,
die Sie wirklich glücklich machen würden,
und denken Sie über die Hindernisse nach,
die Ihnen dabei im Wege stehen**

Es mag durchaus sein, daß Ihnen alles, was Sie hier bisher gelesen
haben, in einem Punkt ein gewisses Unbehagen verursacht: Dieses Buch enthält keine Vorschriften, keine konkreten Anleitungen und keine Wahrheiten, an denen Sie sich festhalten könnten.
Der Grund dafür ist ganz einfach: Wenn Sie Ihre Erziehung zum
glücklichen Leben aus eigener Kraft nach eigenen Vorstellungen
und Maßstäben übernehmen wollen, können Sie es nur unter einer
Bedingung: Sie fangen an, *selbst* für sich zu denken.
Sie können es nur, wenn Sie aufhören, andere zu fragen, was für
Sie richtig ist und was Sie glauben und tun sollen. Wer immer es
Ihnen vorschreibt, zwängt Sie in *seine* Vorstellungen. Wenn Sie
sie befolgen, ordnen Sie sich seinen Maßstäben unter – statt Ihren
eigenen.
Natürlich ist es viel bequemer, das zu tun, was man Ihnen einredet. Die meisten Menschen tun es. Der Preis, den Sie dafür bereit
sind zu bezahlen, ist ihre Abhängigkeit. Aber ist nicht diese
Abhängigkeit die Ursache für das Unbehagen, das viele von uns
davon abhält, wirklich glücklich und unabhängig zu sein?
»Die 100 Schritte zum Glücklichsein« sind eine Anregung, sich
bewußt zu machen, worin Ihr Glück wirklich besteht und wie Sie
es aus eigener Kraft auf Ihre ganz persönliche Weise erreichen
können. Was Sie daraus machen, wie Sie es umsetzen, müssen
Sie selbst entscheiden.
Sicher ist, daß Sie nicht aufhören sollten, sich immer wieder
die grundlegenden Fragen Ihres Lebens zu stellen, das Sie ändern
und verbessern wollen. Erinnern Sie sich an die drei Ebenen, in

denen sich diese Selbsterziehung vollzieht? Hier sind sie wieder einmal:

- Sich selbst seine Probleme und Ziele bewußtmachen.
- Das Ziel Ihres Lebens und damit Ihres Glücks konkret festzulegen und sich dafür zu entscheiden und dazu zu bekennen.
- Den Glauben an sich und sein Glück täglich zu stärken, um unsere Probleme immer besser bewältigen zu können.

Wenn Sie also lernen möchten, mit Ihren Ängsten richtig umzugehen, sollten Sie zuerst deren Ursachen kennen. Wenn Sie für den Rest Ihres Lebens so glücklich sein möchten, wie es Ihnen aus eigener Kraft möglich ist, sollten Sie zuerst wissen, was Sie wirklich glücklich macht, und darüber nachdenken, welche Hindernisse diesem Vorhaben bisher im Wege stehen.

Tun Sie es konkret. Stellen Sie der Angst-Liste Ihre Glücks-Liste gegenüber und fragen Sie nach den Ursachen, warum Sie nicht schon längst so leben, wie Sie leben möchten. Vergessen Sie dabei eines nicht: Es geht nicht darum, wie Sie *andere* glücklich machen wollen. Es geht nur um *Sie* und *Ihr* Glück, für das es sich zu leben lohnt.

20. Schritt
Niemand kann Sie erpressen,
wenn Sie bereit sind zu verzichten

Wenn von Erpressung die Rede ist, dann denken Sie sicherlich sofort an die sensationellen Verbrechen, von denen wir aus den Medien erfahren. Aber lassen Sie sich nicht ablenken: Die kleine Erpressung begegnet Ihnen an jedem Tag in vielen Varianten. Sie ist ein Bestandteil unserer lebenslangen Erziehung.

Drohen, Strafen, Angst und Erpressung – das ist das Rezept, mit dem Menschen dazu gebracht werden, das zu tun, was man von ihnen erwartet. Wahrscheinlich finden Sie diese Behauptung maßlos übertrieben, schließlich leben wir als freie Bürger in einem freien Land. Täuschen Sie sich nicht.

Wenn der Lehrer dem Schüler mit schlechten Noten droht oder Eltern ihrem Kind mit Fernsehverbot, dann ist das Erpressung. Oder wenn ein Partner dem anderen sagt: »Wenn es dir nicht paßt, dann lasse ich mich eben scheiden.« Gesetze, Verordnungen und Verbote – alles wird mit Androhung von Strafe durchgesetzt.

Natürlich können wir daran nichts ändern. Aber wir sollten es uns bewußtmachen. Und warum? Um jedem Erpressungsversuch rechtzeitig begegnen zu können, statt immer wieder arglos in die Falle zu tappen.

Die Alternative zu Drohung und Erpressung ist das Überzeugen. Erpressung ist Zwang und löst Widerstand aus. Es schafft Angst, Ablehnung und Feinde. Überzeugen schafft Einsicht und Annäherung.

Die stärkste Überzeugungskraft haben die eigene Überzeugung und das eigene Beispiel. Wenn Sie selbst stark und glücklich sind, ist es nicht mehr notwendig, Autorität vorzutäuschen, um damit andere zu unterdrücken. Ist diese Behauptung nicht einleuchtend? Die Grundlage jeder Erpressung ist die Angst. Aus Angst, daß man uns etwas wegnehmen könnte, an das wir uns klammern, sind wir bereit, unsere schönsten Wünsche zu verdrängen. Wenn Sie allerdings Ihre Ängste durch Selbstvertrauen ersetzen, ist es nicht mehr ganz so einfach, Sie damit zu erpressen, daß man Ihnen angst macht.

Der bewährteste Schutz gegen die Erpressung ist die Bereitschaft zum Verzicht. Verzichten heißt nichts anderes, als etwas loszulassen, an das wir uns klammern. So schwierig das auch erscheinen mag, aber schon wenn Sie an sich selbst mehr glauben, als an irgend jemand anderen oder seine Versprechungen – wissen Sie, was dann geschieht? Dann kann er Sie nicht mehr damit bedrohen, daß er sein Versprechen nicht einhält, wenn Sie nicht tun, was er von Ihnen verlangt.

Wie gesagt: Sie selbst müssen entscheiden, ob Sie loslassen und verzichten oder ob Sie sich nicht doch lieber erpressen lassen, weil es Ihnen bequemer erscheint. Aber macht es Sie auch glücklicher?

21. Schritt
Nichts in Ihrem Leben ist wirklich sicher.
Lernen Sie deshalb beizeiten, mit der Unsicherheit
umzugehen

Zu den großen Schlagworten, denen wir ständig ausgesetzt sind, gehört das Versprechen von Sicherheit. Es nährt die Hoffnung, die wir Wohlstandsbürger insgeheim ständig hegen: Einmal Geschaffenes soll uns erhalten bleiben. Wie gesicherter Wohlstand, sicheres Einkommen, gesicherte Arbeitsplätze, Sicherheit für alles und jeden. Sehen Sie sich um: Gibt es diese Sicherheit wirklich oder besteht sie nur aus Versprechungen?

Tatsache ist, das alles, was heute auch noch so gesichert erscheint, morgen schon ganz anders sein kann. Das Ergebnis sind Enttäuschung, Verbitterung und Hilflosigkeit. Vor allem dann, wenn Sie sich darauf verlassen, daß irgend jemand anderer für Ihre Sicherheit sorgt. Jetzt und für alle Zeiten.

Die einzige Absicherung, die wir selbst uns schaffen können, ist die Fähigkeit, unseren eigenen Möglichkeiten zu vertrauen, statt sich auf irgend jemand anderen zu verlassen. Von den psychischen Ursachen des Herzinfarkts, der häufigsten Todesursache in unseren Ländern, sagte kürzlich ein Facharzt:»Besonders gefährdet sind Menschen, die ständig unter Konkurrenzdruck stehen, ein übertriebenes Leistungsdenken aufweisen, nie Zeit haben und in immer kürzerer Zeit immer mehr leisten wollen.«

Mit anderen Worten: Wer sich keine Zeit für sich nimmt und sich seine Leistung von der Umwelt diktieren läßt, kann nie sicher sein, daß er nicht morgen schon auf einer Intensivstation liegt. Was hat ihm dann die beste Krankenversicherung wirklich genützt? Oder das Versprechen auf seinen sicheren Arbeitsplatz?

Wenn es also keine Sicherheit im Leben gibt, was können wir trotzdem tun? Ganz einfach: Wir können lernen, mit der Unsicherheit, von der unser ganzes Leben offensichtlich geprägt ist, richtig umzugehen. Wir können unsere Selbstsicherheit gezielt trainieren.

Was uns unsicher macht, ist das Unvorhersehbare im Leben. Alles, was wir nicht kennen oder worauf wir nicht vorbereitet sein könnten, macht uns angst. Wenn es eintritt, geraten wir in Panik. Es sei denn, wir haben rechtzeitig trainiert, uns auf uns selbst zu verlassen.

Wenn Sie selbst wissen, was Sie wollen, sich selbst mehr vertrauen als allen Versprechungen und gelernt haben, daran zu glauben, daß Sie alle Probleme aus eigener Kraft lösen können – ist das nicht die beste Voraussetzung, mit jedem unvorhersehbaren Problem fertig zu werden?

Was so viele Menschen in Schwierigkeiten bringt, ist die Hoffnung: »Heute geht es mir gut, und wenn es mir einmal schlecht gehen sollte, wird schon irgend jemand kommen und mir aus der Patsche helfen.« Aber wie sicher können diese Menschen sein, daß dieser ominöse Irgendjemand, dessen Hilfe sie sich so sicher sind, tatsächlich zur Stelle ist und hilft?

22. Schritt
Lassen Sie los, was Sie belastet und krank macht. Lassen Sie zu, was Sie glücklich macht

Wenn die Freiheit, die persönliche Freiheit – nach der wir uns alle sehnen –, ein wichtiger Bestandteil unseres Glücks ist, dann führt der Weg zum Glücklichsein über die Fähigkeit, loslassen zu können.

Ein Problem, das wir nicht lösen, sondern unterdrücken, vergessen wir vielleicht für kurze Zeit. Dabei mag es durchaus sein, daß es sich »von selbst« löst, oder andere lösen es für uns. Aber das heißt keinesfalls, daß wir davon befreit sind. Wenn jemand *Ihr* Problem löst, stehen Sie in seiner Schuld. Irgendwann einmal fordert er sie ein, und das kann für Sie ein neues Problem bedeuten. So schafft ein ungelöstes Problem ein neues. Ist es nicht so?

Frei sein zu können heißt, sich befreien zu können. Von allem, was Sie belastet und vielleicht eines Tages krank macht, wenn sich zu viele ungelöste Probleme angehäuft haben, die Ihre Nerven, den Magen oder das Herz belasten.

Alle Probleme beginnen in unsren Gedanken. Wir sind so, wie wir denken. Deshalb beginnt auch die Lösung aller Probleme in unserem Denken. Erinnern Sie sich an den Satz: »Wie Sie nach dem Aufwachen denken, so denken Sie den ganzen Tag«? Deshalb ist es so wichtig, unser Denken bewußt zu beobachten und so zu lenken, wie es unserer Vorstellung entspricht. *Unserer* Vorstellung, und nicht den Vorstellungen anderer.

Andere möchten, daß wir von ihnen abhängig und auf ihre Hilfe angewiesen sind. Auch Menschen, die uns lieben, wollen nicht, daß wir frei sind. Ganz im Gegenteil: Sie wollen, daß auch wir sie lieben, ob *wir* wollen oder nicht.

Loslassen zu können ist die Entscheidung: »Ich lasse alles los, was mich belastet, und lasse alles zu, was mich glücklich macht.« Mit dieser Entscheidung durchbrechen Sie den Kreislauf der belastenden Gedanken. Eine Beziehung, an die sich ein Partner klammert, kann für Sie belastend sein. Also stehen Sie vor der Entscheidung:

- Spiele ich ihm das vor, was er sich erhofft, obwohl es mich belastet?
- Oder lasse ich los, weil die Belastung meinem Glück im Wege steht?

Wenn Sie beschlossen haben, Ihr Glück selbst zu bestimmen und es nicht anderen zu überlassen, haben Sie damit die Entscheidung schon gefällt. Es ist eine egoistische Entscheidung. Aber welche Alternative hätten Sie sonst? Sich für jemanden anderen zu opfern und zu leiden – wenn Sie sich dazu entschlössen, wären Sie wieder dort, wo Sie angefangen haben, als das Unbehagen über Ihre Abhängigkeit Sie vielleicht veranlaßt hat, dieses Buch zu kaufen.

Wenn das Schuldgefühl, in den Augen anderer als Egoist zu gelten, Sie belastet, ist dieses Schuldgefühl genau das, was Sie zu allererst einmal loslassen sollten. Finden Sie nicht auch?

23. Schritt
Erwarten Sie von der Liebe nichts,
was Sie nicht bereit sind, selbst zu tun

Das Wunderrezept Liebe – was erwarten wir uns nicht alles von ihr, und wie viele Lügen verstecken sich hinter diesem Wort. Wie viele Ehen werden im siebenten Himmel der Liebe geschlossen, und wo enden sie? Sie enden im Fegefeuer der Scheidungsgerichte.

Vielleicht ist Liebe nichts anderes als ein großes Mißverständnis, sonst könnte es nicht so unzertrennbar mit Unglück und Enttäuschung verbunden sein. Für manche ist »Ich liebe dich« ein lebenslanger Treueschwur, für andere nur das Angebot zu einem kurzen Abenteuer.

Sicher ist: Wer sein Glück selbst bestimmen will, sollte die Gefahren kennen, die Versprechungen und romantische Erwartungen mit sich bringen. Was also kann die Liebe, und was kann sie nicht?

Haben Sie sich schon einmal die Fragen gestellt, von denen hier bereits die Rede war: »Kann ich jemanden anderen lieben, wenn ich mich selbst nicht liebe?« Oder: »Wie kann ich die Liebe eines anderen Menschen erleben, wenn ich mich selbst nicht liebe?«

Vermutlich besteht das einfache Rezept für die Erfüllung der Sehnsucht nach Liebe darin, einfach zu lernen, uns selbst zu lieben, ehe wir von anderen erwarten, daß sie es tun. Lieben Sie sich selbst so, wie Sie sind? Und wenn nicht, warum eigentlich nicht? Alles Fragen, die Sie nur selbst für sich beantworten können. Können? Nein, sie sollten es unbedingt tun, wenn Sie verhindern wollen, daß ein Mißverständnis Sie unglücklich macht.

Vielleicht helfen Ihnen fünf Hinweise darauf, was Sie von der Liebe *nicht* erwarten sollten:

- Erwarten Sie nicht, daß ein Partner Sie nach einem Jahr noch genauso liebt, wenn er Ihnen heute die ewige Liebe schwört. Denn nichts ist sicher im Leben, am wenigsten die Dauerhaftigkeit von Gefühlen.
- Erwarten Sie nicht, daß die Liebe Eheprobleme löst. Kein Problem ist – wie Sie wissen sollten – wirklich gelöst, wenn Sie selbst es nicht lösen.
- Erwarten Sie nicht, daß irgend jemand Ihnen die Liebe ersetzen kann, die Sie nicht für sich selbst empfinden.
- Erwarten Sie nicht, daß Ihr Bedürfnis nach sexueller Befriedigung Sie glücklicher macht, wenn Sie sich einreden, es müßte unter allen Umständen mit Liebe verbunden sein.
- Erwarten Sie nicht, daß Liebe etwas mit Treue zu tun haben müßte. Treue ist nur der aussichtslose Versuch, die Liebe für ewige Zeiten auf eine einzige Person zu fixieren.

Vermutlich werden einige dieser Hinweise Sie ein wenig verwirren. Das wäre nicht verwunderlich. Schließlich klammern sich Millionen Menschen an »die Liebe« als letzte Hoffnung auf ein wenig Glück im Leben. Nichts, auch noch so viele Enttäuschungen, kann sie daran hindern, immer weiter zu hoffen und weiter enttäuscht zu werden. Statt sich bewußt zu machen, daß alle Liebe bei der Liebe zu sich selbst beginnt.

24. Schritt
Bringen Sie die kleinen Dinge in Ordnung,
dann folgen die großen Dinge ganz von selbst

Der Frieden in der Welt, Hunger in Entwicklungsländern, Bruttosozialprodukt, Arbeitslosigkeit und die Entdeckung neuer Krankheiten – das sind ganz offensichtlich die Dinge, die uns alle bewegen. Es muß wohl so sein, sonst würden wir nicht täglich so ausführlich darüber informiert. Es könnte allerdings auch sein, daß sie uns nur als Entschuldigungen dafür dienen, von unseren ganz persönlichen kleinen Problemen abzulenken, die unserem wirklichen Glück im Wege stehen.

- Ist der Friede in der Welt, den wir kaum beeinflussen können, wichtiger als der Friede mit uns selbst und den Partnern, mit denen wir leben?
- Können wir uns durch eine kleine Spende für die Hungernden in Afrika von dem Unbehagen befreien, nicht so zu leben, wie wir selbst leben möchten?
- Wie wichtig ist das Bruttosozialprodukt, wenn uns alles Geld, das wir verdienen, nicht glücklich macht?
- Ist ein sicherer Arbeitsplatz wichtiger als das Selbstbewußtsein, daß wir alle Probleme aus eigener Kraft lösen können?
- Was nützt es uns, alles über Krankheiten zu wissen, wenn wir nicht alles uns Mögliche selbst tun, um erst gar nicht krank zu werden?

Es scheint so, als lebten wir in einer Zeit, in der wir die Gewohnheit kultivieren, die Lösung der persönlichen kleinen Probleme hinter der Beschäftigung mit den angeblich großen Dingen zu verstecken. Das ist verständlich. Denn es ist bequemer, sich für etwas verantwortlich zu fühlen, wofür man gar nicht verantwortlich sein kann. Als Entschuldigung dafür, keine Zeit für sein eigenes Glück zu haben.

Aber wer sich dazu entschlossen hat, sein Glück selbst in die Hand zu nehmen, trägt allein dafür die Verantwortung. Nichts enthebt ihn davon. Er kann sie auch nicht an jemanden anderen weitergeben. Die Entschuldigung: »Wie kann ich glücklich sein, wenn in der Welt so viele Menschen hungern und leiden?« gilt nicht mehr.

Um es noch deutlicher zu sagen: Das Glück, unser ganz persönliches Glück, ist nichts Großes, Anonymes, Weltbewegendes. Es ist die kleine, einfache Gewißheit abends beim Schlafengehen: »Ich habe heute alles mir Mögliche getan, um so zu leben, wie ich leben wollte. Darüber bin ich heute glücklich.«

Oder – wenn Sie sich sagen können: »Ich bin mir heute selbst ein Stück nähergekommen.« Statt darüber enttäuscht zu sein, von jemandem anderen nicht so geliebt zu werden, wie Sie es sich erhofft hatten.

Denn Sie wissen ja: Die wahre Kunst, glücklich zu sein, besteht darin, es auch dann zu sein, wenn wir es nicht sein sollten. Das ist die Realität des persönlichen Glücks, die von den kleinen Dingen abhängt, die wir selbst beeinflussen können. Und nicht von den großen Ereignissen in der großen weiten Welt.

25. Schritt
Ein kleiner Sieg, den Sie selbst erringen,
ist tausendmal mehr wert, als jede Freude
über den Sieg eines großen Helden

Die Projektion unserer Sehnsüchte und unserer Verantwortung – das ist ein weiteres Hindernis, das unserem Glück im Wege steht. Hunderttausende feiern den Sieg der Nationalmannschaft und betrinken sich vor Glück über das entscheidende Tor eines Helden auf dem Fußballrasen. Als Ersatz für das Versagen beim täglichen Match um das *eigene* Glück.

Natürlich ist es ein wunderbares Gefühl, sich gemeinsam mit anderen oder über andere freuen zu können. Wann aber wird diese Freude zum Ersatz für das eigene Versagen?

Wer sich auf das lebenslange Spiel um das eigene Glück einläßt, kann sich nicht mit der Rolle des Zuschauers zufriedengeben. Er ist sein eigener Hauptdarsteller. Er läuft selbst täglich auf das Spielfeld des Lebens und schießt Tore – oder auch nicht. Er jubelt und leidet über und mit sich selbst. Alles das ist Bestandteil seines Glücks. Auch die Niederlagen. Er braucht sie ja, um aus den Fehlern lernen zu können.

Projektion, das ist ein Begriff, den Sie im Auge behalten sollten, wenn Sie bereit sind, Ihr Leben selbst zu gestalten. Nach Ersatz für Ihr eigenes Glück zu suchen, ist zu wenig. Zu wenig? Nein, es ist gar nichts. Denn es gibt keinen Ersatz für das eigene Glücklichsein, wie es auch kein »bißchen Glück« gibt.

Wer sich nicht »*das* Glück« zum Ziel setzt, sondern mit einem kleinen Stück davon zufrieden ist, verhält sich so wie viele Menschen, die mit einem Minimum an Leistung ein Maximum an Geld verdienen möchten. Vorausgesetzt natürlich, der Besitz von möglichst viel Geld ist das höchste Ziel, das sie in ihrem Leben erreichen wollen.

Die Bewußtmachung des eigenen Projektionsverhaltens ist deshalb so wichtig, weil die Versuchung zur Ersatzbefriedigung so allgegenwärtig ist. Sie lockt von Plakatwänden und Fernsehschirmen. Sie setzt Maßstäbe und Vorbilder und begegnet uns als Verlockung auf Schritt und Tritt.

Die Versuchung gehört zur Strategie jedes Werbens, in der Form von qualitativer und quantitativer Manipulation:

- Qualitativ: Wir sollen uns mit den großen Helden identifizieren und das tun und kaufen, was sie auch tun und propagieren. Wir sollen die Schuhe kaufen, die sie tragen, und in die Kinos strömen, in denen sie ihre Siege erringen, damit wir mit ihnen wenigstens ersatzweise glücklich sind.
- Quantitativ: Es wird uns unermüdlich eingehämmert, wie viele Millionen Menschen das richtige Produkt oder den einzig richtigen Glauben besitzen und damit glücklich sind, bis wir Schuldgefühle entwickeln, weil wir nicht dazugehören.

Wer sein Leben und sein Glück selbst gestaltet, braucht weder ein Vorbild für sein Glück, noch braucht er die Maßstäbe, die für Millionen andere gelten. Er besitzt seine eigenen Maßstäbe und lebt nach den Vorstellungen seines persönlichen Glücks.

26. Schritt
Wenn Sie nicht wissen, womit Sie beginnen sollen, fangen Sie mit dem an, was Ihnen in diesem Augenblick am wichtigsten erscheint

»Ich möchte in meinem Leben so vieles erreichen, daß ich gar nicht weiß, womit ich anfangen soll.« Oder: »Ich weiß ganz genau, was ich will, aber ich habe keine Ahnung, wie ich dazu kommen könnte.« Kennen Sie diese Gedanken und das Ergebnis, zu denen sie meistens führen?

Sie führen zu *nichts*. Und dies aus zwei Gründen:

- Es genügt nicht, daß Sie ständig neue und immer noch bessere Ideen haben, wenn Sie nicht wenigstens eine einzige davon verwirklichen.
- Es genügt auch nicht, wenn Sie ganz genau wissen, was Sie wollen, aber nicht den entscheidenden Schritt zum Handeln machen.

Unser Glück ist keine Massenware. Wir brauchen nicht tausend gleichzeitig erfüllte Wünsche, um glücklich zu sein. Es genügt, wenn wir einen nach dem anderen verwirklichen. Einen nach dem anderen. Und mit welchem fangen wir an? Ganz einfach: Mit dem, der uns in diesem Augenblick am wichtigsten erscheint. Gleichgültig, ob es tatsächlich der wichtigste ist. Wichtig ist allein, eine konkrete Entscheidung zu fällen und zu handeln. Denn nichts geschieht, wenn wir es nicht *tun*.

Schreiben Sie deshalb alle Ihre Ziele und Wünsche auf ein Stück Papier. So, wie sie Ihnen einfallen. Ohne lange darüber nachzugrübeln, welchen Stellenwert sie für Sie haben. Erst dann, wenn Ihnen nichts mehr dazu einfällt, nehmen Sie eine Wertung vor. Ohne Wenn und Aber. Folgen Sie einfach Ihrem Gefühl.

Es kann durchaus sein, daß Sie sich bei dieser Beurteilung der Wichtigkeit noch immer nicht für die Nummer Eins entscheiden können, die Sie als erste in Angriff nehmen wollen. Aber Sie haben wenigstens zwei oder drei aus der Fülle der Ziele herausgefiltert.

Um die Nummer eins zu finden, können Sie jetzt zwei konkrete Auswahlkriterien benutzen:

1. Die Ermunterungs-Entscheidung: Sie wählen den Wunsch, bei dem Sie sich sicher sind, daß Sie ihn ohne große Schwierigkeit erfüllen können. Mit dem Hintergedanken: »Wenn ich *den* geschafft habe, macht es mir Mut, als nächstes ein schwierigeres Ziel in Angriff zu nehmen.«

2. Die Herausforderungs-Entscheidung: Sie wählen zwar nicht den größten Wunsch aus, für dessen Erfüllung Sie sich vielleicht noch nicht stark genug fühlen, sondern einen, von dem Sie denken: »Das wird nicht ganz einfach werden. Aber wir wollen doch sehen, ob ich ihn nicht trotzdem schaffe.«

Ob Sie ihn schaffen oder nicht: Wichtig ist, daß Sie sich zum Handeln entschieden haben. Statt schon vor dem ersten Schritt mit der Entschuldigung zu scheitern: »Ich weiß nicht, womit ich anfangen soll.«

27. Schritt
Es ist besser, Sie machen etwas falsch,
als Sie tun gar nichts

Welche großartigen Wünsche haben Sie sich in Ihrem Leben
bisher nur aus einem einzigen Grund nicht erfüllt: Aus Angst
davor, etwas falsch zu machen. Die Begründungen dafür kennen
Sie ja:

- »Ich mach' mich doch nicht lächerlich.«
- Oder: »Wenn ich nichts riskiere, kann ich auch nicht viel falsch machen.«
- Oder auch: »Warum sollte ich in meinem Leben etwas ändern? Gar so schlecht geht es mir ja eigentlich nicht. Manche Leute sind viel schlimmer dran.«

Und da sind natürlich noch die Ängste vor Chefs, Partnern,
Freunden oder den Kindern, vor denen man sich nicht blamieren
möchte.

Natürlich ist an dem Argument etwas dran, daß jemand, der nichts
riskiert, auch nicht viel falsch machen kann. Wer allerdings nichts
riskiert, um seine Probleme zu lösen, wird diese Probleme auch
nie los. Er verdrängt sie, und wohin das führen kann, wissen wir.
Und noch etwas wissen wir: Fehler sind der beste Lehrmeister für
jemanden, der bereit ist, daraus zu lernen.

Wer diesen Nutzen eines Fehlers erkennt, kann gar nichts falsch
machen. Worin liegt also das Problem? Das Problem besteht
darin, daß wir von Kindheit an dazu erzogen werden, unser
Entscheiden und Handeln nach den Maßstäben und dem Wissen
unserer Erzieher zu orientieren. Also der Lehrer und Eltern, der
Tonangebenden, den Opinionleaders, dem Trend, den Medien,
den Experten, Moralhütern – und wie sie alle noch heißen mögen.

Wir ordnen uns ihren Maßstäben unter und fragen *sie:* »Was *ist* falsch?«, statt uns die Antwort darauf selbst zu geben: »Was für mich richtig ist, *ist* richtig.«

Natürlich klingt das vermessen. Vielleicht denken Sie auch sofort: »Wer bin ich denn, daß ich immer selbst wissen könnte, was gut und schlecht ist?« Wenn Sie das jetzt denken, haben bei Ihnen – um ganz ehrlich zu sein – alle bisherigen Anregungen in diesem Buch keine nachhaltige Wirkung gezeigt:

- Dann glauben Sie anderen – den Erziehern und Experten – mehr als sich selbst.
- Dann fürchten Sie sich davor, etwas falsch zu machen und von anderen dafür kritisiert zu werden.
- Vielleicht sind Sie sich auch noch gar nicht im klaren darüber, wer und wie Sie tatsächlich im Leben sein wollen. Deshalb haben Sie auch noch keine eigenen Vorstellungen und Maßstäbe für sich entwickelt.
- Es könnte allerdings ebensogut sein, daß Sie alles noch in der Schwebe lassen und denken: »Natürlich möchte ich an jedem Tag meines Lebens glücklich sein. Aber eigentlich ist mir das alles viel zu mühsam.« Oder: »Ich ändere mich halt ein klein wenig, damit ich wenigstens ein bißchen glücklicher werde.«

Wie dem auch sei: Alle diese Hinweise sollen kein Vorwurf sein. Denn Sie, und *nur* Sie, sind für sich und Ihr Glück verantwortlich. Also bestimmen auch Sie, und *nur* Sie, was für Sie falsch und was richtig ist.

28. Schritt
Der Überfluß beginnt damit, daß Ihnen das, was Sie tun und besitzen, mehr Sorgen als Freude macht

Woran wird der Überfluß gemessen? Haben Sie über diese Frage schon einmal nachgedacht? Vor allem aber: *Wer* bestimmt, *was* für *wen* überflüssig ist? Wenn Sie wissen, was Sie glücklich macht, und für sich und Ihr Leben selbst die Verantwortung übernehmen, gibt es nur einen einzigen Menschen, der darüber bestimmt: Sie selbst.

Natürlich werden Sie damit bei manchen Leuten auf Widerstand stoßen. Vor allem bei jenen, die sich anmaßen, für ihre Mitwelt die Maßstäbe festlegen zu dürfen. Und was sind das für Maßstäbe? Es sind Geld, Besitz, Einfluß oder Macht. *Ihr* Maßstab aber ist Ihr ganz persönliches Glück. Deshalb kann nichts, was Sie glücklich macht – wirklich glücklich –, für Sie überflüssig sein.

Der Vorwurf: »Wie kannst du glücklich sein, während andere Menschen unglücklich sind« ist nichts weiter als eine humanitäre Phrase, mit der Ihnen Schuldgefühle suggeriert werden sollen. Schuldgefühle, die andere für ihre Interessen nützen. Aber sehen Sie sich doch selbst um: Haben die Millionen an Spendengeldern der angeblich Reichen für die angeblich Armen irgend etwas in dieser Welt verändert? Eines vielleicht: Sie erwecken falsche Hoffnung.

Wenn das ganz persönliche Glück aus eigener Kraft, möglichst an jedem Tag, das oberste Ziel Ihres Lebens ist, dann sollten Sie alles, was Sie besitzen und tun, daran messen, ob es Sie glücklich macht. Der Maßstab lautet: »Wenn mir das, was ich tue und besitze, mehr Sorgen als Freude macht, beginnt für mich der Überfluß.« Überfluß ist also das, was Sie unglücklich macht.

Zugegeben, diese Maxime erfordert vermutlich eine radikale

77

Änderung Ihres gewohnten Denkens. Die Formel: »Mehr Geld würde mich glücklich machen« gilt nicht mehr. Eine verhängnisvolle Formel übrigens, weil Sie uns davon abhängig macht, wieviel wir verdienen. Oder davon, wieviel andere uns verdienen lassen. Abhängigkeit jedoch ist der Anfang vom Ende des Glücks. Der Anfang persönlicher Freiheit allerdings ist – wie wir wissen – die Fähigkeit, verzichten zu können. Die Formel dafür lautet: »Ich muß wissen, worauf ich verzichten muß, damit ich mit *dem* glücklich sein kann, was ich brauche, um glücklich zu sein.«

Um es noch einmal zu betonen: Wenn Sie sich dazu entschlossen haben, daß Ihr persönliches Glück der Maßstab für das ist, was Sie denken, tun und besitzen, dann muß sich alles andere daran orientieren:

- Wieviel Geld brauche ich wirklich, um glücklich zu sein?
- Von welchen Menschen sollte ich mich trennen, weil die Beziehung zu ihnen mit mehr Sorgen als Freude verbunden ist?
- Macht mich mein Job wirklich glücklich, oder arbeite ich nur, um mehr Geld zu verdienen, als ich wirklich brauche?

Alles das sind Überlegungen, die Sie anstellen sollten, ehe Sie den Maßstab für Überfluß von anderen Leuten übernehmen.

29. Schritt
Ersetzen Sie die Frage »Was darf ich?« ganz
einfach durch die Frage »Was will ich?«

Unser ganzes Leben vollzieht sich in dem Spannungsfeld zwischen dem, was wir selbst wollen, und dem, was wir dürfen. Schon als Kinder werden wir auf schmerzhafte Weise in die Verhaltensnormen gezwängt, die Erzieher und Gesellschaft für uns festgelegt haben. Ihre Argumente sind: »Solidarität und Rücksichtnahme«, »Respekt vor anderen ist wichtiger als Eigensinn« oder »Der einzelne muß sich dem Ganzen unterordnen«.

So lauten die Gebote der Erziehung zur Unterordnung. Wer sich ihnen nicht fügt, ist zunehmendem Druck ausgesetzt. Von wem? Von allen jenen, die davon profitieren, daß *sie* und nicht wir selbst über unser Leben und unser Glück bestimmen.

Was in der Kindheit beginnt, setzt sich für den Rest des Lebens fort. Wir gewöhnen uns allmählich daran, unsere eigenen Wünsche danach zu orientieren, was andere von uns erwarten. Je länger wir das tun, um so mehr verkümmert die Fähigkeit, für uns selbst zu denken und zu entscheiden.

Irgendwann erwacht bei kritischen Menschen in diesem Spannungsfeld das Unbehagen, ausgenutzt, unterdrückt und im Stich gelassen zu werden. Sie stehen vor der Entscheidung: Lebe ich weiter ein Leben, wie andere es mich leben lassen – oder bekenne ich mich zu mir und meiner Individualität?

Viele spüren dieses Unbehagen schon längst, aber sie weichen der Entscheidung aus. Sie leiden, aber sie ändern nichts. Sie können sich auch nicht ändern, solange Sie diese Änderung nicht selbst an sich vollziehen. Es gibt keinen Ersatz für die Entscheidung: Selbstverleugnung oder selbstbewußtes Leben.

Die Forderung nach der Entscheidung »Ich lebe mein Leben nach meinen eigenen Maßstäben und bin für mein Glück allein verantwortlich« erschreckt Sie vielleicht, weil sie so unabdingbar klingt. Vermutlich denken Sie sofort: »Ich kann doch nicht von heute auf morgen mein Leben total ändern.«

Wie recht Sie haben. Das können und sollen Sie wirklich nicht. Was Sie allerdings tun können, ist nichts anderes, als Ihre Einstellung zu sich selbst in kleinen Schritten zu verändern. Denn eines sollten Sie nicht aus den Augen verlieren: Jede Veränderung beginnt in Ihrem Kopf, in Ihrem Denken. Lassen Sie es uns deshalb noch einmal wiederholen:

- Zuerst müssen Sie wissen, was Sie wollen.
- Dann müssen Sie sich dafür entscheiden.
- Sie müssen Ihr ganzes Denken positiv auf dieses Ziel richten und alle Zweifel durch den Glauben ersetzen, daß Sie es schaffen werden.
- Je stärker Sie daran glauben, um so größer wird der Wunsch, alle Hindernisse zu überwinden – zuerst die kleinen, dann die großen –, die Ihnen im Wege stehen.
- Je mehr Hindernisse Sie überwinden, um so größer wird Ihr Selbstvertrauen, auch alle weiteren bewältigen zu können.

Vorausgesetzt, Sie fragen nicht mehr, was Sie *dürfen,* sondern erfüllen sich das, was Sie *wollen.*

30. Schritt
Erwarten Sie von niemandem Hilfe, ehe Sie
nicht alles Ihnen Mögliche getan haben, um
sich selbst zu helfen

Wer sich auf den Weg zur persönlichen Freiheit begibt, sollte der
Auseinandersetzung mit dem Begriff des Helfens nicht aus dem
Wege gehen. Unsere Gesellschaft hat das Helfen zu einer ideali-
sierten Verpflichtung stilisiert. Wer hilft, ist ein guter, edler
Mensch. Eine christliche Maxime lautet: »Vor dem Jüngsten
Gericht wirst du einst danach gemessen, was du anderen Men-
schen Gutes getan hast.« Kein Wort davon, daß das Helfen längst
zu einem florierenden Busineß geworden ist.
Kein Wort auch davon, in welche Abhängigkeit wir jemanden
bringen, bei dem wir durch unsere Hilfe Hoffnungen erwecken,
die zu erfüllen wir gar nicht gewillt sind. Genau betrachtet, leben
wir in einer Gesellschaft zweier Klassen: die Hilflosen und die
Helfer.
Diese Klassifizierung mag Ihnen maßlos übertrieben erscheinen.
Aber überlegen Sie doch einmal, von welchen Helfern Sie selbst
abhängig sind und für welchen Preis:

- An wen wenden Sie sich bei Kopfweh, Husten, Depression
  oder Schlaflosigkeit?
- Von wem erwarten Sie Schutz vor Einbruch, Überfall oder
  Betrug?
- Wer hilft Ihnen in Ihrer Angst vor Arbeitslosigkeit?
- Wo leihen Sie sich das Geld, um etwas zu kaufen, was Sie sich
  nicht leisten können?
- Von wem erwarten Sie, daß er in Ihrem Namen für Recht und
  Ordnung sorgt? Und so weiter und so fort.

Unsere Welt ist voll von Helfern, die jederzeit bereit sind, uns glücklich zu machen. Zumindest versprechen Sie es uns, und wir fallen blind auf diese Versprechungen herein. Auch auf den Anschein, den sie zu erwecken versuchen: Daß sie alle nur unser Wohl im Auge haben. Ganz zu schweigen von denen, die jederzeit bereit sind, aller Welt selbstlos zu helfen und uns ständig bedrängen, sie dabei zu unterstützen.

Eines steht außer Zweifel: Je öfter wir uns helfen lassen, um so hilfloser werden wir. »Herr Doktor«, sagen manche Leute, »tun Sie nur, was Sie für richtig halten.« Und was geschieht? Der Hausarzt verschreibt Medikamente, der Chirurg wird operieren, der Psychiater hört sich Ihre Probleme an – nicht selten fünf oder zehn Jahre lang. Jeder hilft Ihnen so, wie er es für richtig hält und womit er seinen Unterhalt verdient. Aber ist das die Hilfe, die Sie wirklich brauchen?

Statt immer nur zu fragen: »Wer hilft mir«, sollten Sie sich die Frage stellen: »Was kann ich rechtzeitig selbst tun, um erst gar nicht fremde Hilfe in Anspruch nehmen zu müssen?« Nun, was tun Sie?

- Was tun Sie an jedem Tag selbst, um gesund zu bleiben – obwohl Sie ganz genau wissen, was Sie tun *sollten*?
- Sind Sie bereit, auf etwas zu verzichten, wenn es Sie für die nächsten zehn Jahre von Ihrer Bank abhängig machen würde?

Das sind nur zwei von unzähligen Fragen, die Sie sich stellen sollten, wenn Sie Ihre Einstellung zum Helfen überdenken.

31. Schritt
Leben Sie an jedem Tag, als wäre es Ihr letzter –
statt darauf zu hoffen, daß morgen ganz von
selbst alles besser wird

Zu den großen Hindernissen, die dem Glück im Wege stehen, gehört das Hoffen. Was heißt das: »Ich hoffe, daß alles gut geht«? Es heißt, daß ich Angst davor habe, es könnte *nicht* gut gehen. Ich bin mir meiner Sache nicht sicher. Ich glaube nicht so recht daran, daß ich es schaffen kann.

Hoffen bedeutet also Unsicherheit. Diese Unsicherheit nimmt mir einen Teil der Energie, die ich einsetzen sollte, um ein Ziel zu erreichen. Erinnern Sie sich: »Wir sind so, wie wir denken.« Wenn wir denken: »Ich hoffe«, spielen wir in Gedanken schon mit einer Niederlage. Vielleicht bereiten wir sogar mit unseren Zweifeln am Erfolg diese Niederlage unbewußt schon vor.

Wer heute nur hofft, daß der Tag für ihn schon irgendwie glücklich verlaufen wird, darf nicht erwarten, daß er es tatsächlich wird. Er sucht vielleicht auch nur nach einer Entschuldigung dafür, nicht alles Erforderliche für sein Glück zu tun.

An seinem Glück zu arbeiten bedeutet aber, es an jedem Tag zu tun. Es bedeutet, an jedem Tag zu trainieren, die Zweifel-Gedanken zu erkennen und bewußt durch den Glauben zu ersetzen, daß wir alles erreichen können, wenn wir alle unsere Energie dafür einsetzen. Vergessen Sie nicht: Trainieren heißt, solange zu üben, bis man etwas *kann*.

Unser Glück besteht nicht darin, daß wir »hoffen«, irgend jemand würde es uns irgendwann einmal – hoffentlich schon morgen – irgendwie in den Schoß legen. Es beginnt jetzt sofort in unserem Denken. Und immer beginnt es damit, daß wir den Augenblick erkennen, in dem wir eine eindeutige Entscheidung fällen müssen. Die Entscheidung: »Glaube ich an mich – oder zweifle ich an mir?« Oder: »Überlasse ich mein Glück dem Zufall oder anderen Leuten – oder erreiche ich es selbstverantwortlich aus eigener Kraft?«

Vielleicht denken Sie jetzt: »So habe ich die Sache mit dem Hoffen noch nie betrachtet.« Das ist verständlich, schließlich gehört die Hoffnung zu den eingelernten Rettungsankern, an die wir uns meistens dann klammern, wenn wir nicht alles uns Mögliche getan haben, um ein Ziel zu erreichen, das wir uns gesteckt haben. Oder Sie denken: »Ich kann doch nicht jeden Tag so leben, als wäre es mein letzter.«

Wenn Sie allerdings beschlossen haben, an jedem Tag Ihres Lebens aus eigener Kraft glücklich zu sein, bedeutet es nichts anderes, als jeden einzelnen Tag so zu leben, wie Sie Ihr ganzes Leben leben möchten. Es bleibt dann in Ihrem Denken kein Platz mehr dafür, über Niederlagen von gestern zu jammern oder auf ein besseres Morgen zu hoffen. Sie leben hier und heute und machen das Ihnen Bestmögliche daraus.

Vielleicht ist es nicht das große Glück, das Sie heute erleben können. Aber indem Sie das kleine Glück von heute bewußt erleben, ist die Summe der vielen »kleinen« glücklichen Tage noch immer größer als das große Glück, auf das Sie nur hoffen.

32. Schritt
Werden Sie sich klar darüber, ob Sie ein
Macher oder ein Spieler sind – und machen
Sie das Beste daraus

Es gibt viele vorgefaßte Meinungen über die beiden Begriffe »Macher« und »Spieler«. Genauso wie bei unserem Vorurteil über »Träumer« und »Realist« oder »fleißig« und »faul«.

Wer hat uns eingeredet, daß wir im Leben immer nur Sieger sein müssen und unglücklich zu sein haben, wenn wir manchmal auch Verlierer sind? Wenn Sie entschlossen sind, aus Niederlagen zu lernen, warum sollten Sie dann darüber unglücklich sein?

Jeder von uns ist Macher und Spieler, Sieger und Verlierer, Träumer und Realist, faul und fleißig, glücklich und unglücklich. So sind wir. Es ist ein Teil unserer Natur, und es ist gut so. Denn erst das Leiden im Unglück gibt uns den Ansporn, etwas zu unternehmen, um wieder glücklich zu sein. Vorausgesetzt natürlich, wir resignieren nicht.

Das sollten Sie bedenken, wenn Sie sich von Zeit zu Zeit fragen: »Wer und was bin ich eigentlich?« Und: »Was macht mich wirklich glücklich im Leben?«

Erinnern Sie sich: »Alles im Leben hat zwei Seiten«? Lernen Sie, aus *beiden* das Beste für sich zu machen. Respektieren Sie das Spieler-Ich in sich genauso wie das Macher-Ich und setzen Sie die Vorteile beider für sich ein.

Als Spieler-Natur neigen Sie vermutlich dazu, Ihre Fehler zu überspielen, zu bluffen und Probleme zu verdrängen, statt sie zu lösen, und geraten dadurch in Schwierigkeiten. Andererseits neigen Sie als Spieler dazu, es nach jeder Niederlage noch einmal zu versuchen und das ganze Leben als Spiel und nicht als Kampf zu betrachten, in dem jede Niederlage endgültig ist.

Als Macher-Typ sind Sie versucht, alles – und das möglichst

sofort – zum Erfolg zu bringen. Diese Einstellung setzt Sie unter Druck. Denn als Macher dürfen Sie keine Schwäche zeigen. Sie dürfen nicht verlieren. Und wenn die unvermeidliche Niederlage passiert, folgen Schuldgefühle und Selbstvorwürfe.

Wie auch immer Sie sich selbst einstufen: Freunden Sie sich auch mit dem *anderen* Ich an. Und das bedeutet:

- Halten Sie inne, ehe Sie ein Problem überspielen und verdrängen möchten. Setzen Sie rechtzeitig das vernachlässigte Macher-Ich ein, um es zu lösen.
- Wenn Sie als Macher einmal versagen, sollten Sie die Niederlage nicht als endgültig betrachten. Denn nichts im Leben ist endgültig – es sei denn der Tod. Ersetzen Sie die Selbstvorwürfe durch die Vorstellung, daß unser ganzes Leben ein Spiel ist, das wir manchmal gewinnen und manchmal verlieren, und daß es nur an uns liegt, *alle* unsere Eigenschaften zu nutzen, um öfter zu gewinnen als zu verlieren.

Und noch etwas: Als Ihr eigener Trainer im Lebensspiel des Glücklichseins sollte es immer Ihr Ziel sein, Ihre starken Eigenschaften zu erhalten und die vernachlässigten zu stärken – statt sie zu verleugnen.

33. Schritt
Praktizieren Sie die einfachste Methode,
Ihre innere Unruhe in den Griff zu bekommen:
zehn ruhige Atemzüge

Die Suche nach dem Glück und der inneren Freiheit, das zu tun, was wir tun möchten, ist letzten Endes das, was unserem Leben ein Ziel und einen Sinn gibt. Wir leben, um glücklich zu sein, und nicht – wie es uns manche einreden möchten –, um zu leiden oder uns für andere aufzuopfern.

Es ist ein Ziel, für das wir bereit sein sollten, alle uns zur Verfügung stehenden Möglichkeiten und Fähigkeiten einzusetzen. Das Glück beginnt in unserem ständigen Denken daran, bis es uns zum Handeln motiviert und zum Ziel führt. Zur Erfüllung unserer Wünsche. Das allerdings setzt voraus, daß wir lernen, von Zeit zu Zeit ganz bewußt aus dem Kreislauf des Getriebenwerdens auszusteigen.

Wissen Sie, was das größte Hindernis ist, das uns dabei im Wege steht? Es ist die innere Unruhe, die schon am Morgen beginnt, wenn wir aufwachen und sofort an nichts anderes denken als an das, was uns an diesem Tag »erwartet«.

Wer allerdings entschlossen ist, an jedem Tag glücklich zu sein, »wartet« nicht, er bestimmt selbst, daß er glücklich sein wird. So oder so. Er sagt nicht: »Ich habe heute so viel zu tun, daß mir für mich selbst keine Zeit bleibt.« Er bestimmt selbst, wieviel Zeit er für sich braucht. Er setzt der inneren Unruhe immer wieder Pausen der Selbstbesinnung entgegen. Des bewußten Umsteigens von der Hektik zur inneren Ruhe.

Es mag schon sein, daß Kaffeepausen, die berühmte Beruhigungszigarette oder ein Tratsch mit Nachbarn oder Kollegen diese Funktion erfüllen. Aber was *denken* wir dabei? Wir halten inne, aber entspannen wir uns auch wirklich?

Die einfachste Technik der inneren Beruhigung sind zehn ruhige Atemzüge mit geschlossenen Augen und dem Gedanken: »Ich bin jetzt ganz ruhig und entspannt. Nur das ist wichtig, sonst nichts.« Stellen Sie sich bildlich vor, wie sich mit den ruhigen Atemzügen zuerst Ihr ganzer Körper entspannt und wie allmählich in Ihr Denken und Fühlen die Entspannung einkehrt.

Atmen Sie langsam und ruhig aus. Konzentrieren Sie sich darauf, aber ohne Zwang und Erwartung. Genießen Sie es richtig, daß Sie in der größten Hektik aussteigen können, weil Sie es so wollen. Betrachten Sie es als einen wichtigen Schritt zur Selbstbefreiung. In Ihrer Arbeit sind Sie von Abläufen und äußeren Zwängen abhängig, aber Ihren inneren Zustand können Sie selbst bestimmen.

Unterschätzen Sie diesen Hinweis nicht. Wenn Sie aus diesem Buch keinen anderen Nutzen ziehen, als den, die Fähigkeit zu lernen, sich einige Male an jedem Tag auf sich zu besinnen, ist es ein viel wichtigerer Schritt zum Glücklichsein, als Sie vermutlich ahnen.

Natürlich können Sie auch Bücher über Entspannungstechniken lesen, Yoga oder Autogenes Training lernen oder Zen-Meditation. Alles gut und schön. Aber die Ruhe finden Sie immer nur in sich selbst. Heute schon, wenn Sie es wirklich wollen.

34. Schritt
Der beste Weg, die richtige Entscheidung zu fällen, ist eine Wertungs-Liste

Erinnern Sie sich noch an die Anregung, Probleme durch Aufschreiben zu analysieren? Vielleicht haben Sie damit schon eigene Erfahrungen gemacht. Vielleicht auch nicht. Hier sind einige weitere Hinweise.

Wie oft denken wir: »Ich sollte mich jetzt auf *eine* Sache konzentrieren.« Wir denken an hundert Dinge gleichzeitig, und getrieben von Ungeduld, möchten wir sie alle möglichst sofort verwirklichen. Nicht selten führt diese Ungeduld dazu, daß wir entweder gar nichts oder manches nur als Stückwerk realisieren.

Eine Wertungs-Liste, aufgeschrieben auf ein Stück Papier, hat drei Vorteile:

1. Sie vergessen nichts.
2. Sie ordnen Ihre Gedanken, um sich auf *eine* Sache konzentrieren zu können.
3. Sie können in aller Ruhe überlegen, was für Sie wichtig und was weniger wichtig ist.

Wenn Sie die Liste aufgeschrieben haben, teilen Sie am besten die einzelnen Vorhaben zuerst in drei Kategorien ein:

- Was will ich unbedingt heute noch erledigen?
- Was kann ich genausogut auch morgen machen?
- Was hat Zeit bis später?

Bei dieser ersten Sichtung kann es durchaus sein, daß Ihnen der eine oder andere Punkt bei näherer Betrachtung so unwichtig erscheint, daß Sie ihn überhaupt aus der Liste streichen. Jedenfalls ergibt sich aus dieser ersten Einteilung bereits ein grober Zeitplan, und alles wird überschaubarer.

Noch etwas sollten Sie nicht vergessen: Wenn Sie als nächstes darangehen, die Vorhaben für *heute* zu werten, beziehen Sie auch die Frage ein: »Was ist für *mich* wichtig, und was erwarten andere, daß ich für *sie* tue?« Vielleicht wird Ihnen dabei bewußt, daß Sie manches nur aus Gefälligkeit tun wollen, obwohl es für Sie selbst gar keinen Nutzen oder sogar Nachteile mit sich bringen würde.

Natürlich können Sie dann noch immer entscheiden, ob Sie es – aus welchen Gründen auch immer – trotzdem tun wollen. Aber Sie selbst entscheiden ganz bewußt darüber und nicht die unbewußte Angst, Sie könnten sich unbeliebt machen.

Wenn dieser Vorgang abgeschlossen ist, bleiben einige Punkte übrig, die Sie unbedingt heute erledigen wollen. Die einfache Entscheidungsfrage lautet nunmehr: »Was mache ich zuerst und was später?« Zur eigenen Beruhigung können Sie noch einige Überlegungen darüber anstellen, wieviel Zeit Sie dafür brauchen werden und wie Sie sich diese Zeit einteilen. Aber eines ist gewiß: Sie können ruhig an die Arbeit gehen. Ohne Hektik, ohne die Angst, etwas zu vergessen, und ohne nachträgliche Selbstvorwürfe, alles sei Ihnen wieder einmal über den Kopf gewachsen. Hektik, Angst und Selbstvorwürfe sind schließlich nicht gerade dazu angetan, den Tag glücklich zu gestalten.

35. Schritt:
Je länger wir ein Problem vor uns herschieben,
um so unlösbarer wird es

Im Grunde genommen hängt unser Glück von der Fähigkeit ab,
Probleme zu lösen, die unserem Glück im Wege stehen. Immer
stehen wir dabei vor der Entscheidung: Löse ich das Problem aus
eigener Kraft – oder delegiere ich es?

- Delegieren bedeutet entweder, Sie verschieben die Lösung auf
  später. Oder Sie überlassen sie einem Helfer.
- Wenn Sie die Lösung eines Problems auf später verschieben,
  kann es sein, daß es sich durch veränderte äußere Umstände
  ganz von selbst löst.
- Wenn sich das Problem nicht von selbst löst, ist die Wahrscheinlichkeit groß, daß es sich vervielfacht, bis es unlösbar
  geworden ist.

Nehmen wir den Fall an, daß Ihnen die Beziehung zu einem
Partner mehr Sorgen als Nutzen oder Freude bereitet. Sie erkennen das Problem und beschließen, daß es die beste Lösung wäre,
die Beziehung abzubrechen. Wieder stehen Ihnen zwei Möglichkeiten offen:

- Entweder Sie vollziehen die Trennung möglichst rasch und
  befreien sich damit von der Belastung, die jedes ungelöste
  Problem mit sich bringt.
- Oder Sie zögern die Lösung hinaus. Mit Begründungen wie:
  »Ich kann doch den anderen nicht enttäuschen«, »Ich bringe
  es nicht übers Herz« oder vielleicht: »Was werden denn da die
  anderen über mich sagen?«

Sie schieben also die Lösung immer weiter vor sich her, und von Tag zu Tag vergrößert sich die Kluft zwischen Entscheiden und Handeln. Wann immer Sie daran denken, suchen Sie nach stets neuen Entschuldigungen für Ihr Zögern, meistens in Verbindung mit Selbstvorwürfen.

Wenn diese Selbstvorwürfe unerträglich werden, kann es durchaus sein, daß Sie schließlich die Trennung doch noch herbeiführen, um sich von dem Druck der quälenden Gedanken zu befreien.

Wenn Sie diese letzte Chance versäumen, werden sie vermutlich als letzten Ausweg versuchen, das Problem zu verdrängen. Sie überspielen es, aber Sie lösen es nicht. Und wozu verdrängte Probleme führen können, wissen wir ja.

Wenn wir entschlossen sind, Probleme, die unserem Glück im Wege stehen, möglichst rasch zu lösen, statt zu verdrängen, sollten wir uns bewußtmachen, wie wichtig es ist, ohne Zögern zu handeln, wenn eine Entscheidung einmal gefällt ist. Nach dem Prinzip: »Ein kurzer Schmerz ist besser als ein lebenslanges Leiden.«

Sehr oft erkennen wir ein Problem und fällen die Entscheidung, es unverzüglich zu lösen. Tun wir es nicht, weil uns die Lösung unangenehm ist, beginnen wir, die Entscheidung in Frage zu stellen und nach Ausreden oder Ersatzlösungen zu suchen. Statt die Energie der Entscheidung für eine rasche Handlung auszunutzen, schwächen wir sie durch Zweifel. Und je länger wir das Handeln hinauszögern, um so größer wird das Problem und die Versuchung, es zu verdrängen.

36. Schritt
Der Satz »Ich habe Pech gehabt« ist nichts weiter als eine Entschuldigung dafür, sich nicht genug angestrengt zu haben

Wenn Sie sich dazu entschlossen haben, Ihr tägliches Glück aus eigener Kraft zu gestalten und dabei Ihr eigener Lehrer und Trainer zu sein, sollten Sie immer auf der Hut vor Schuldzuweisungen sein.

Schuldzuweisungen hindern Sie daran, aus einer Niederlage zu lernen. Um es noch deutlicher zu sagen: In Ihrer Selbsterziehung gibt es weder Schuld noch Sühne. Niemand, weder andere Leute noch das vielzitierte Pech können Ihnen dabei helfen, eine Niederlage in Erfolg umzuwandeln. Sich darauf zu berufen ist nichts weiter als der Versuch, die Verantwortung für sich selbst abzuwälzen.

»Ich habe eben Pech gehabt« ist die billigste aller Ausreden dafür, sich nicht genug angestrengt zu haben. Sie gehört zur Kategorie der Entschuldigungen wie: »Ich versuche es halt, aber wahrscheinlich geht es doch wieder schief« oder: »Bisher hat es noch nie geklappt; warum diesmal?«

Warum Sie es diesmal *doch* schaffen sollten? Ganz einfach: Weil Sie aus jedem mißlungenen Versuch lernen, was Sie falsch gemacht haben. So lange, bis Sie keinen Fehler mehr machen. Es liegt an Ihnen, ob Sie durch Fehlschläge lernen, immer raffiniertere Ausreden zu suchen, oder ob Sie lernen, immer bessere Lösungen zu finden, um schließlich doch ans Ziel zu kommen.

Beobachten Sie sich doch – als Ihr eigener Trainer –, wie Sie sich nach Fehlschlägen verhalten. Es gibt verschiedene Möglichkeiten:

- Sie sagen: »Ich habe halt wieder einmal Pech gehabt.«
- Sie sind wütend auf sich selbst und beschimpfen sich.
- Sie suchen nach Schuldigen.
- Sie suchen Trost und Mitgefühl in Ihrem Selbstmitleid.
- Sie vergleichen sich mit anderen, die das erreicht haben, was Sie nicht erreichen konnten, und finden sich damit ab, daß der andere eben »besser« ist.
- Sie vergleichen sich mit anderen Versagern und trösten sich damit, daß sie noch viel schlimmer dran sind als Sie.

Alle diese Reaktionen sind Entschuldigungen, die Ihr Selbstbewußtsein verringern statt stärken. Sie bringen Sie Ihrem Ziel keinen Schritt näher. Im Gegenteil, sie werfen Sie zurück. Sie sind Ausreden statt Motivation zum Bessermachen. Darüber sollten Sie sich ein für allemal im klaren sein.

Vielleicht denken Sie jetzt: »Aber es ist so verdammt schwierig, eine Niederlage einzugestehen« oder »Man kann doch nicht immer erreichen, was man sich vorgenommen hat«. Wie recht Sie haben. Wahrscheinlich erreichen wir tatsächlich viel öfter *nicht,* was wir uns vornehmen, weil wir uns ein Ziel gesteckt haben, das unsere derzeitigen Fähigkeiten bei weitem überfordert. Na und? Wenn wir uns *das* eingestehen, ist es die beste Voraussetzung dafür, uns die erforderlichen Fähigkeiten Schritt für Schritt anzueignen. Zu handeln, statt zu jammern.

37. Schritt
Hören Sie auf sich selbst, ehe Sie entscheiden,
ob und wie Sie Ihr Leben ändern wollen

Erinnern Sie sich noch an die Hinweise: »Wenn Sie selbst nicht
wissen, was Sie wollen, reden es Ihnen andere ein« oder: »Hören
Sie auf sich, Sie haben sich bestimmt viel mehr zu sagen, als Sie
vielleicht ahnen«?
Es ging dabei um drei wichtige Schritte zur Selbstveränderung:

- Zuerst sollten wir uns bewußtmachen, wer wir wirklich sind,
  was wir wirklich wollen und was uns wirklich glücklich macht.
- Wenn wir uns darüber im klaren sind, können wir die Entscheidung fällen, ob es uns genügt, so weiterzuleben, wie wir leben,
  oder ob es uns die Mühe wert ist, uns zu ändern. Wohlgemerkt:
  Uns zu ändern. Und nicht zu erwarten oder zu hoffen, daß
  andere etwas ändern, um uns glücklich zu machen.
- Wenn wir beschlossen haben, unser Leben zu verändern, brauchen wir einen eigenen Plan. Ein Lebensprogramm mit unseren Vorstellungen, Wünschen, Zielen und Maßstäben. Das ist
  unsere Alternative zu den Plänen und Maßstäben, die andere
  aufgestellt haben, um uns für ihre Vorteile einzuspannen.

Alles das sind Voraussetzungen dafür, aus der lebenslangen
Erziehung durch andere ausbrechen zu können und uns selbst zu
dem zu erziehen, der wir sein möchten. Frei und glücklich – als
unser eigener Trainer.
Vielleicht denken Sie jetzt: »Alles schön und gut, aber was ich da
tun soll, ist doch ein gewaltiger Brocken. Will ich das wirklich
auf mich nehmen? Habe ich dafür überhaupt genug Zeit? Das
würde ja mein ganzes Leben verändern. Kann ich das überhaupt
jemals schaffen?« Oder Sie denken: »Wozu soll ich mich eigent-

lich ändern, mir geht es ja im Grunde genommen gar nicht so schlecht.«

Weichen Sie solchen Überlegungen nicht aus. Denken Sie sie zu Ende. Möglicherweise gibt es für Sie wirklich keinen Grund, an Ihrem bisherigen Leben etwas zu ändern. Es sei denn:

- Ihr Unbehagen oder auch der Leidensdruck, den Ihr bisheriges Leben Ihnen verursacht, ist so groß, daß Sie zu dem Schluß kommen: »So will ich keinesfalls weiterleben.«
- Oder das Leben, das Sie jetzt führen, hat für Sie jeden Reiz verloren, und Sie suchen nach neuen Herausforderungen.

Es gibt unendlich viele Möglichkeiten, sich zu ändern, um sein Leben lebenswerter zu machen. Das Spielfeld dafür ist unbegrenzt. Im Grunde genommen gibt es allerdings nur zwei Spielvarianten: das Leben nach *außen* oder das Leben nach *innen* zu intensivieren. Oder, um es anders auszudrücken: Den Fortschritt unserer Zeit zu nutzen, ein Teil ihrer Faszination zu werden und auf diese Weise glücklich zu sein. Das Angebot in allen Lebensbereichen ist unbegrenzt. Oder Sie nutzen die bisher ungenutzten Kräfte in sich selbst und entdecken das Abenteuer, bei dem Sie von niemandem abhängig sind. Auch nicht vom Fortschritt unserer Zeit, von dem wir selbst entscheiden müssen, ob er uns das Glück vermitteln kann, wonach wir suchen.

Hören Sie auf sich selbst, ehe Sie sich entscheiden. *Alles* ist richtig, wenn Sie es richtig finden.

38. Schritt
Sie können jemandem nur helfen, wenn er
bereit ist, sich selbst zu helfen

Mit dem Helfen verhält es sich ähnlich wie mit der Liebe und dem
Glück: Wir sollten von niemandem Hilfe erwarten, wenn wir
nicht bereit sind, uns selbst zu helfen. Und umgekehrt natürlich
auch. Wie wir auch niemanden lieben können, ohne uns selbst zu
lieben. Und, wie Sie ja wissen, macht uns das Glück, das wir von
anderen erwarten, von ihnen abhängig.

Wahrscheinlich gibt es zwei Arten von Hilfe: die erfolgsorientierte und die karitative Hilfe:

- Die karitative Hilfe besteht darin, daß geholfen wird, ohne
  irgendeine Verpflichtung daran zu knüpfen. Vorwiegend handelt es sich dabei um institutionalisierte Hilfe. Das heißt, die
  Helfer besitzen oder sammeln Geld, das sie ausgeben müssen.
  Sie verteilen es willkürlich an Bedürftige, ohne ihnen langfri-
  stig zu helfen, aus eigener Kraft wieder auf die Beine zu
  kommen. Eher ist das Gegenteil der Fall: Durch diese Art von
  Hilfe bleiben Bedürftige von ihren Helfern abhängig. Mehr
  noch, sie werden dazu erzogen, sich nicht auf sich selbst,
  sondern auf die Hilfe anderer zu verlassen.
- Die erfolgsorientierte Hilfe ist der Anstoß zur Selbsthilfe. Der
  Helfer schenkt dem Bedürftigen nichts, sondern hilft ihm auf
  die Beine und steht ihm bei, bis er imstande ist, aus eigener
  Kraft loszumarschieren.

Wie Sie sehen, gibt es eine Art von Hilfe, die abhängig macht,
und eine andere, die einem Hilfsbedürftigen dazu verhilft, sich
von seinem Helfer wieder frei zu machen.

Diese zwei Arten des Hilfe-Phänomens spiegeln sich in vielen

Bereichen unseres Lebens wider. Manche Eltern sind nicht daran interessiert, ihre Kinder von Anfang an zu freien jungen Menschen zu erziehen, die nicht mehr das tun, was die Eltern von ihnen erwarten. Lehrer wollen ihren Schülern vorwiegend zu Wissen verhelfen, aber sie sollen von der Autorität des Lehrers abhängig bleiben.

Oder meinen Sie wirklich, daß Ärzte oder Psychiater daran interessiert sind, daß alle ihre Patienten möglichst rasch und gründlich gesund werden? Oder daß die pharmazeutische Industrie daran arbeitet, die Wunderpille zu entwickeln, die ein für allemal hilft? Natürlich nicht. Sie alle leben davon, daß möglichst viele Menschen möglichst lange von ihrer Hilfe abhängig sind. Hilfe? Nein, es hat nichts mit Hilfe zu tun. Es ist ein Geschäft wie jedes andere auch, bei dem der Verkäufer daran interessiert ist, daß der Käufer möglichst oft seine Produkte kauft.

Vielleicht erscheinen Ihnen solche Behauptungen und Ansichten über das Helfen zu radikal. Wahrscheinlich sind sie das. Es kann allerdings auch sein, daß Sie bisher die »Götter in Weiß«, »Helden der Nächstenliebe« und auch alle anderen Wohltäter, Autoritäten und Retter der Menschheit aus lauter Respekt einfach nie in Frage zu stellen wagten.

Aber Sie wissen ja: Alles im Leben hat *zwei* Seiten. Wir sollten sie uns beide ansehen, ehe wir urteilen.

39. Schritt
Machen Sie sich Ihre Angst zum Freund, statt ständig vor ihr davonzulaufen

Bei vielen Dingen unseres Lebens geht es nicht so sehr darum, was tatsächlich *ist,* sondern mit welcher Einstellung wir sie betrachten. Ob wir ihnen offen oder verschlossen gegenüberstehen. Ob wir auf sie zugehen oder vor ihnen flüchten.

In Politik und Geschäft gilt das Prinzip: »Wenn du einen Gegner nicht besiegen kannst, mache ihn zu deinem Freund.« Kein schlechtes Prinzip, aus dem wir lernen können. Nicht nur im Umgang mit anderen Menschen, sondern auch mit uns selbst.

Mit uns selbst? Ja, vor allem mit uns selbst. Viele Menschen sind nur deshalb auf der Suche nach Freunden, weil sie sich selbst kein Freund sind. Vielleicht ist gerade das der Anfang des Glücklichseins: Mit sich selbst in Frieden leben. Zu sich selbst zu stehen, statt sich zu verleugnen. Sich so anzunehmen, wie man ist, und das Beste daraus zu machen, statt so sein zu wollen, wie *andere* sind, die wir beneiden.

Wer den Frieden in sich selbst sucht, befreit sich von der Unruhe, irgendwo anders Halt suchen zu müssen, und der Angst, ihn nicht zu finden. Diese eine Erkenntnis kann Ihr ganzes Leben verändern. Wirklich: Diese Einstellung kann Ihr Leben verändern. Vielleicht besteht der wirkliche Fortschritt in unserer fortschrittssüchtigen Zeit tatsächlich darin, die Lösung aller Probleme in uns selbst zu suchen, statt bei denen, die uns das große Glück versprechen.

Das Geheimnis heißt also. Ich gehe auf mich selbst und meine Ängste zu und mache sie zu meinem Freund. Es beginnt bei den vielen kleinen Dingen des täglichen Lebens. Wenn Sie morgens in den Spiegel schauen und denken: »Ich hasse mein Gesicht.

Diese häßliche große Nase. Die Falten um den Mund« – wie können sie an so einem Tag glücklich sein?

Die einfache Zauberformel heißt: »Ich mag mich so, wie ich bin, und lasse nichts unversucht, das Beste für mich daraus zu machen.« Das Beste für *mich*. Was viele Menschen davon abhält, ist die Angst davor, nicht so zu sein, wie wir meinen, daß andere uns sehen möchten.

Was, meinen Sie, beeindruckt andere mehr: Ihr makellos gestyltes Gesicht oder das Strahlen in Ihren Augen, das allen signalisiert: »Ich mag mich. Ich bin in Einklang mit mir. Ich bin glücklich. Ich fürchte nichts«?

Wenn Sie hinter Ihrem Äußeren verbergen wollen, wie Sie wirklich sind, bleibt in Ihren Augen und in Ihrem Verhalten immer die Angst sichtbar, man könnte Sie durchschauen. Wenn Sie sich zu sich selbst bekennen, ist es nicht mehr notwendig, sich zu verbergen. Wozu auch? Sie selbst mögen sich, Sie können nach außen hin offen sein. Sie haben nichts zu befürchten.

Sagen Sie sich einfach: »Ich liebe mich, und ich liebe auch meine Ängste. Sie sind ein Teil von mir. Ich gehe auf sie zu und umarme sie, statt vor ihnen wegzulaufen.« Versuchen Sie es. Denn, wie gesagt: Diese Einstellung allein kann schon Ihr Leben verändern.

40. Schritt
Niemand kennt die Wahrheit, es sei denn, er findet sie selbst

Vielleicht klingt es ziemlich vermessen, zu behaupten, nur wir selbst könnten unsere Wahrheit erkennen. Aber wenn wir selbst sie nicht finden können, wer kann es dann? Sehen Sie sich doch einmal um: Wer hat sie schon für uns gefunden? Der unfehlbare Papst, die Gurus und Propheten, die Richter, die ihre »Wahrsprüche« fällen? Oder sind es die Politiker, die heute unsere Gesetze machen. Um ein paar Jahre später genau das Gegenteil zu beschließen, weil die Wahrheit von gestern dann nicht mehr zeitgemäß ist?

Gibt es eine Wahrheit, die für alle Zeiten und alle Menschen gilt, nur weil jemand sagt: »So ist es und nicht anders«? Natürlich sind die Leute, die für uns die Wahrheiten finden, nicht daran interessiert, daß wir, die einzelnen, uns selbst auf die Suche machen. Aber wer sich auf die Suche nach seinem eigenen Glück macht, dem bleibt gar nichts anderes übrig.

Sich an vorgegebene Wahrheiten zu klammern, ist im Grunde genommen doch nichts anderes als die Bequemlichkeit, andere für sich denken zu lassen. Es macht uns genauso abhängig wie die Suche nach der großen Liebe oder der immerwährenden Sicherheit. Es gibt sie nicht. Und warum nicht? Weil nichts im Leben sicher ist. Die Sicherheit von heute kann schon morgen durch ein Ereignis zerstört werden, auf das wir nicht den geringsten Einfluß haben.

Die Wahrheit ist das, von dem wir glauben, daß sie es ist. Wir glauben daran, weil es uns jemand versichert, von dem wir annehmen, daß er es besser weiß als wir. Wer aber kann besser wissen als Sie selbst, was für Sie hier und heute wahr ist und woran Sie glauben können?

Wenn Sie beschlossen haben: »Ich glaube an mich selbst mehr als an irgend jemand anderen« – ist das dann nicht *Ihre* Wahrheit? So gesehen liegt es nur an Ihnen, sich auf die Suche nach Ihrer eigenen Wahrheit zu machen. Eines sollten Sie allerdings wissen: Wenn Sie nach der ewigen, für alle Zeiten und alle Menschen gültigen Wahrheit suchen, werden Sie Ihre eigene Wahrheit niemals finden.

Wie Sie sehen, führt unser Weg zum Glücklichsein nicht über eine von anderen Leuten vorgezeichnete Route. Er besteht aus der Herausforderung, Ziel und Richtung unseres Lebens nach eigenen Vorstellungen und Möglichkeiten selbst zu bestimmen, um alles das zu entdecken, an dem wir bisher achtlos vorbeigegangen sind.

Glücklichsein beginnt damit, unseren eigenen, ganz persönlichen Weg zu entdecken und zu gehen. Uns bewußt zu machen, daß jeder von uns ein unverwechselbares Individuum ist. Ausgestattet mit der Fähigkeit, für sich selbst zu denken, zu entscheiden und zu handeln. Und seine eigene Wahrheit zu finden.

Wer damit zufrieden ist, daß andere für ihn denken und entscheiden, und sich blindlings ihren Wahrheiten unterwirft, darf sich nicht wundern, wenn er niemals zu dem Leben findet, das er im Grunde seines Herzens führen möchte.

41. Schritt
Ändern Sie sich selbst, statt sich darüber
zu ärgern, daß andere sich nicht ändern

Wir können es uns gar nicht oft genug vor Augen halten: Glück ist unsere ganz persönliche Sache. Vorausgesetzt natürlich, wir haben uns dazu entschieden, es nicht dem Zufall oder anderen Leuten zu überlassen.

Diese Entscheidung, das sollten Sie nicht vergessen, kann nur wirksam werden, wenn Sie fortan Ihr ganzes Denken bestimmt. Um es etwas drastischer auszudrücken: Es ist Ihr persönliches Glaubensbekenntnis und bedeutet: »Ich glaube daran, daß ich mein Leben selbst bestimmen kann, und bin bereit, alles mir Mögliche dafür zu tun. An jedem weiteren Tag meines Lebens.«

An andere Ideen, Ideologien oder Menschen zu glauben, verpflichtet Sie, Prinzipien zu befolgen, die andere für Sie aufgestellt haben. Wenn Sie Ihre Kraft daraus schöpfen, an einen Gott zu glauben – gleichgültig an welchen –, wird dieser Glaube wirkungslos, wenn Sie an seiner Allmacht zweifeln und nicht mehr bereit sind, sich diesem Glauben ein- und unterzuordnen.

Der Glaube nützt Ihnen nur, wenn er in Ihnen so stark verankert ist, daß er alle Zweifel besiegt. Das gilt für jede Art von Glauben, auch für den Glauben an sich selbst. Das, wie gesagt, sollten Sie sich in aller Deutlichkeit bewußtmachen.

Der Glaube an sich selbst ist allerdings mit einem gewaltigen Vorteil verbunden: Niemand kann Sie unter Druck setzen. Sie sind niemandem mehr Rechenschaft schuldig. Sie selbst bestimmen die Glaubensregeln, die *Ihnen* entsprechen. Wenn Sie dafür Opfer bringen und sich ihnen unterordnen, sind zu allererst Sie selbst der Nutznießer. Sie allein tragen allerdings auch die Verantwortung für sich und Ihr Handeln. Dafür können Sie für sich in Anspruch nehmen, ein freier, mündiger Bürger zu sein.

Solche Überlegungen mögen Ihnen ungewohnt erscheinen. Wahrscheinlich deshalb, weil die Gesellschaft uns dazu erzieht, sie wichtiger zu nehmen als uns selbst. Sie ist nicht an freien, mündigen Bürgern interessiert, sondern an braven, verunsicherten und folgsamen Menschen, die alles glauben und tun, was von ihnen erwartet wird.

Der Glaube an sich selbst ist der Schritt zur Befreiung aus der Abhängigkeit von anderen. Wer zu diesem Schritt nicht die Kraft in sich verspürt, hat zwei Möglichkeiten.

- Entweder er verharrt weiter in der Obhut der Gemeinschaft – für den Preis der Abhängigkeit, die sie von ihm verlangt.
- Oder er beschließt, sich aus eigener Kraft zu ändern.

Das Vorhaben, sich zu ändern, heißt keinesfalls, daß Sie zum Zeitpunkt der Entscheidung schon alle dafür erforderlichen Fähigkeiten besitzen müssen. Im Gegenteil. Sie haben dadurch vielmehr die Chance, parallel zu Ihrem bisherigen Leben Schritt für Schritt ein neues Leben nach eigenen Vorstellungen aufzubauen.

Sie ändern sich aus eigener Kraft, bis Sie nicht mehr zu hoffen brauchen, daß andere etwas ändern.

42. Schritt
Wer glücklich ist, braucht niemanden, der ihm
Trost für sein Unglück spendet

Bei nahezu allem, was Sie bisher in diesem Buch gelesen haben, ist davon die Rede, sich selbst in den Mittelpunkt seines Lebens zu stellen. »Purer Egoismus«, denken Sie vielleicht und gehen davon aus, daß Egoismus nichts anderes bedeutet, als auf Kosten anderer glücklich sein zu wollen.

So jedenfalls lautet die Formel, mit der wir erzogen werden. Anderen zu helfen, auf andere Rücksicht zu nehmen, seine eigenen Interessen zum Wohle der Gemeinschaft hintanzustellen. Das ist es, was von uns erwartet wird. Wer aber wahrt unsere Interessen, wenn wir es selbst nicht tun dürfen?

Wenn ich entschlossen bin, für mein Glück aus eigener Kraft und Verantwortung zu sorgen – welchen Grund hätte ich dann, mich auf Kosten anderer glücklich zu machen? Es würde mich doch nur davon abhängig machen.

Wer daran arbeitet, mit sich selbst in Frieden und Harmonie zu leben, schafft damit die beste Voraussetzung dafür, mit anderen in Harmonie zu leben. Er ist unabhängig und nicht mehr auf »Kosten« anderer angewiesen. Ganz im Gegenteil: Er schafft damit bei sich selbst jene Kraft, von der er anderen etwas abgeben kann.

Ein Altruist, also das Gegenteil eines Egoisten, mag seiner Mitwelt gefällig sein, aber kann er jemanden anderen wirklich glücklich machen, wenn er selbst nicht glücklich ist?

Ein glücklicher, in sich ruhender Mensch, der für sein Glück nicht andere verantwortlich macht, braucht an niemanden Forderungen zu stellen, wie »Liebe mich« oder »Mach mich glücklich«. Oder: »Enttäusch mich nicht.« Er hat nichts zu verbergen und kann der Mitwelt gegenüber offen sein.

Das eigene Glück ist also offensichtlich die beste Voraussetzung dafür, auf andere Menschen zuzugehen. Einsam ist nur, wer sich vor seiner Mitwelt verschließt. Aus Angst, sie könnte durchschauen, was er zwanghaft verbergen möchte.

Ist die Kontaktarmut nicht eine der großen Leiden unserer Zeit? Manche Menschen leiden unter der Einsamkeit viel mehr als unter hohem Blutdruck, Asthma oder Migräne. Bei vielen wird der Druck des Ausgeschlossenseins so groß, daß sie krank werden, um auf diesem Weg wenigstens am Krankenbett von ihrer Umgebung beachtet zu werden.

Wer glücklich ist, kann sich selbst für die Leistungen respektieren, die er dafür erbringt. Er ist nicht mehr darauf angewiesen, daß andere ihm Trost für sein Unglück spenden.

Es mag in den Augen anderer egoistisch sein zu bekennen: »Zuerst will ich mich selbst lieben, dann erst andere.« Aber wenn jemand Sie als Egoisten beschimpft, tut er es doch nur aus einem einzigen Grund: Er möchte Ihr Schuldgefühl wecken, aus dem er für sich einen Vorteil ziehen kann. Und das nur, um in seinen Augen ein guter, hilfreicher Mensch zu sein.

43. Schritt
Glücklichsein ist lebenslange Arbeit,
bis man es immer öfter schafft

Wir leben in einer Zeit, in der das Neue mehr gilt als das Alte. Unermüdlich sind Menschen am Werk, das Leben noch schneller, noch großartiger, noch besser zu gestalten – und uns einzureden, daß davon unser Glück abhängt. Vor einiger Zeit warb ein großer Konzern auf Plakaten mit dem Slogan: »Wir denken immer nur an morgen.« Mit anderen Worten: »Was Sie heute von uns gekauft haben, ist bald nicht mehr zeitgemäß. Morgen bieten wir Ihnen schon etwas noch Neueres an.«

Ist es das wirklich, was uns glücklich macht? Immer neue Gesetze werden gemacht, neue Forderungen aufgestellt, neue Krankheiten gefunden und die neuen Trends erforscht. Was wir heute besitzen, soll morgen schon wieder weggeworfen werden.

Aber ist das immer noch Neuere wirklich für uns besser, wenn wir uns nie die Zeit nehmen, das Alte wirklich zu nützen und zu genießen? Viel wahrscheinlicher ist es, daß diese Flucht in immer Neueres, Besseres, Schnelleres nichts anderes ist als die Unfähigkeit, uns dafür zu entscheiden, was wir wirklich wollen. Und das Beste für uns daraus zu machen.

Es scheint, als wären Millionen Menschen ständig auf der Suche nach ihrem wirklichen Glück – aber sie sind gar nicht bereit, es zu finden. Sie haben Angst davor, sich zu entscheiden und daran zu arbeiten. Und warum? Weil es zu unbequem ist, ihr Glück zu gestalten, statt es immer nur zu suchen.

Glücklichsein ist lebenslange Arbeit an sich selbst, bis man es immer öfter schafft. Nicht immer, sondern immer öfter. Wer sich mit der Ausrede zufriedengibt: »Glücklichsein ist so schwierig, das kann ich nie erreichen«, ist sich noch nicht bewußt geworden, daß man Glücklichsein lernen und trainieren muß.

Trainieren heißt: Sich für ein Ziel entscheiden und die Fähigkeiten unermüdlich einzuüben, die dazu erforderlich sind. Statt nach immer neuen Zielen zu suchen, die uns bequemer erscheinen. Etwas nicht zu können, ist die Herausforderung, es zu *lernen* und so lange einzuüben, bis wir es schließlich *können*. Vorausgesetzt, wir sind bereit, diese Herausforderung anzunehmen.

Niemand kann Auto fahren, ehe er es nicht gelernt hat. Wer eine Fremdsprache beherrschen will, muß Vokabel für Vokabel lernen und ihre Anwendung üben, bis er sie so gut beherrscht, daß er sie jederzeit anwenden kann, ohne lange nachdenken zu müssen. Solche Erfordernisse sind jedem verständlich. Aber haben Sie schon einmal daran gedacht, daß Glücklichsein auf die genau gleiche Weise gelernt und trainiert werden muß?

Dieses Buch ist voll von Anregungen, die »Vokabeln« für ein glückliches Leben zu lernen. Aber geben Sie sich keinen falschen Hoffnungen hin: Wissen allein bedeutet gar nichts, wenn Sie es nicht an jedem Tag Ihres weiteren Lebens in die Praxis umsetzen und so lange einüben, bis Sie es beherrschen.

44. Schritt
Hoffen Sie weiter auf die große Freiheit
in der Welt – oder schaffen Sie sich die
kleine Freiheit bei sich selbst

In uns allen, so scheint es, ist ein unstillbares Bedürfnis nach persönlicher Freiheit. Auch wenn es offensichtlich ist, als – hätten wir uns längst damit abgefunden, in einer Welt der Unterdrückung leben zu müssen.

Machen Sie sich nichts vor: Alle die Sprüche, wie »Ich bin ein freier Bürger in einem freien Land«, sind doch nichts anderes, als ein hilfloser Trost, die Unfreiheit leichter ertragen zu können. Es gibt für uns keine andere Freiheit als jene, die wir in uns selbst schaffen.

Und wie können wir das? Indem wir für die Freiheit unterdrückter Menschen demonstrieren und Politiker auffordern, Gesetze zur Wahrung der Menschenrechte zu beschließen? Sie tun es ja unentwegt, aber sind *Sie* deshalb freier und glücklicher?

Wir können es sein, indem wir alles das loslassen, was uns unfrei macht, und das Selbstbewußtsein stärken, so zu leben, wie es uns glücklich macht. Oder sehen Sie die Möglichkeit, daß sich noch in Ihrem Leben die Illusion der großen Freiheit und des ewigen Friedens in der Welt erfüllt?

Wenn Sie daran glauben, mag es Sie ein wenig glücklicher machen. Aber ist es nicht besser, sich seine kleine Freiheit zu schaffen, als auf die große Freiheit nur zu hoffen?

Was ist das überhaupt: Meine persönliche Freiheit? Haben Sie eine klare Vorstellung davon? Vor allem aber, ist Ihnen bewußt, wodurch und von wem Ihre Freiheit eingeschränkt wird. Und das an jedem einzelnen Tag Ihres Lebens? Ist es Ihnen wirklich bewußt?

Der Grad unserer Freiheit oder Abhängigkeit wird von zwei

Einflüssen bestimmt: den Einflüssen von außen und der Kraft oder Schwäche unserer Persönlichkeit. Es beginnt bei den ganz kleinen, meist unbeachteten Geschehnissen des Alltags. Wenn Sie jemandem »Ja« sagen, obwohl Sie ganz genau wissen, daß Sie »Nein« sagen möchten, dann sind Sie nicht frei. Sie sind abhängig von Ihrer Unfähigkeit, das durchzusetzen, was Sie für richtig halten.

Es mag für Sie recht simpel klingen, aber die Fähigkeit zu lernen, »Nein« zu sagen, wenn Sie »Nein« sagen möchten, ist für Sie persönlich ein unvergleichlich wirksamerer Schritt zur Selbstbefreiung als jedes noch so inbrünstige Bekenntnis für die Freiheit in der Welt.

Alles, was Sie tun müssen, ist, ab morgen zuerst einmal am Tag und dann immer öfter einfach »Nein« zu sagen, statt aus Gefälligkeit etwas zu tun, was Sie nicht tun wollen. Und noch etwas: Bleiben Sie dabei, auch wenn man Sie dafür kritisiert, beleidigt oder als Egoisten beschimpft. Bleiben Sie bei Ihrem »Nein«, und Sie werden sehr bald sehen, wie Ihr Selbstbewußtsein wächst. Und wie glücklich Sie werden, so stark zu sein, daß andere Sie nicht mehr beliebig zu ihrem Vorteil manipulieren können.

45. Schritt
Lob und Kritik sind oft nur der Versuch, Sie zu manipulieren

Es gibt immer zwei Möglichkeiten, sein Handeln zu bewerten: Wir tun es selbst nach eigenen Maßstäben, oder wir überlassen es anderen, uns zu kritisieren oder zu loben.

Es mag schon sein, daß Kinder erzieherische Richtlinien brauchen, um sich in ihrer Umwelt besser zurechtzufinden. Aber unser Prinzip der Erziehung ist auf Zwang und Einordnung aufgebaut. Es ist das Prinzip: »Wenn du tust, was von dir erwartet wird, wirst du gelobt. Wenn du es nicht tust, folgt die Strafe auf dem Fuß.«

Als Kind sind Sie dieser Formel hilflos ausgeliefert. Alle sagen Ihnen, was Sie tun dürfen. Niemand bringt Ihnen bei, es selbst herauszufinden. Wenn Sie sich im Laufe Ihrer Entwicklung nicht aus eigener Kraft aus diesem Prinzip der Erziehung befreien, lernen Sie wahrscheinlich nie, für sich selbst zu denken. Lob und Tadel bleibt Ihr Maßstab, nach dem Sie denken und handeln.

Das Instrument, mit dem andere Sie damit manipulieren, ist der Vergleich in vielfältigen Variationen. Mit Formeln wie diesen sind wir alle tagtäglich konfrontiert:

- »Wenn deine Wäsche nicht so blütenweiß ist wie die der Nachbarin, die das richtige Waschmittel verwendet, bist du keine gute Hausfrau.«
- »Mutti, warum bist du nicht immer so fröhlich wie die Frau im Fernsehen, die so viel Verständnis für ihre Kinder hat?«
- »Millionen gute Menschen spenden für die Leidenden in den Entwicklungsländern, wollen Sie sich ausschließen?«
- »Sieh dir doch deinen Kollegen an, wie weit er es mit seiner Frechheit gebracht hat. Und was hast du erreicht?«

111

- Oder: »Was, Sie haben gestern nicht ferngeschaut? Da haben Sie aber etwas Wichtiges versäumt.« Und so weiter und so fort.

Lob und Tadel, offen oder raffiniert getarnt, sind das erfolgreiche Rezept, mit dem andere uns ihre Maßstäbe aufdrängen wollen. Nach der Formel: »Kritik bewirkt Schuldgefühle, mit denen die Menschen leichter lenkbar sind.« Das gelingt ihnen allerdings nur, wenn wir es zulassen.

Wenn Sie selbst wissen, was Sie glücklich macht, sind Sie Ihr eigener Kritiker. Sie selbst bestimmen, ob Sie falsch oder richtig gehandelt haben. Und – um es noch einmal zu wiederholen: Was Sie tun, tun Sie zuerst für sich selbst. Allerdings nur, wenn Sie sich dafür entschieden haben, daß Ihr eigenes Glück wichtiger ist, als das, was andere über Sie und Ihr Leben denken.

So, wie es aussieht, gibt es keine »gerechte« Kritik und auch kein »gerechtes« Lob. Beides sind nur bewährte Instrumente, mit denen andere Sie veranlassen wollen, sich noch mehr anzustrengen, um Ziele zu erreichen, auf die Sie nicht den geringsten Einfluß haben.

Denken Sie daran, ehe Sie sich maßlos über eine Anerkennung freuen, mit der andere Sie für Ihre Leistungen loben.

46. Schritt
Wer alles haben möchte, kann sich nur nicht dafür entscheiden, was er wirklich braucht

Erinnern Sie sich an den Hinweis: »Ich muß wissen, worauf ich verzichten muß, um das zu bekommen, was ich wirklich brauche«? Wenn also die Bereitschaft zum Verzicht zu den Grundlagen des Glücklichseins gehört, setzt es voraus, daß wir erkannt haben, was uns wirklich glücklich macht – und was nicht.

Es genügt allerdings auch noch nicht, daß wir es *erkannt* haben. Wir müssen uns auch dafür entscheiden. Und: Wenn wir dazu entschlossen sind, müssen wir es in die Tat umsetzen. Erkennen, Entscheiden und Handeln – das ist der Ablauf, der zum Erreichen unserer Ziele führt.

Alles in unserem Leben hat seinen Preis. Es liegt an uns, ob wir ihn bezahlen wollen. Viele Menschen scheitern daran, daß Sie alles haben wollen, was ihnen angeboten wird. Sie nehmen an, daß das, was andere glücklich macht, auch *sie* glücklich machen würde. Sie sehen nur das Ergebnis, aber sie machen sich nicht bewußt, mit welchem Preis es bezahlt worden ist.

Den Preis zu bestimmen, hängt davon ab, welchen Wert etwas für uns hat. Vor allem aber davon, ob wir imstande sind, diesen Preis auch zu bezahlen.

Wenn Sie ein Auto besitzen wollen, das mehr Geld kostet, als Sie haben, können Sie zur Bank gehen und einen Kredit aufnehmen. Sie kaufen das Auto, aber der Preis dafür ist viel höher, als die Summe, die Sie dem Händler bezahlen. Den wahren Preis erkennen Sie vielleicht erst in ein paar Jahren, wenn Ihnen der Wagen längst keine Freude mehr macht, aber der Gedanke Sie nicht schlafen läßt: »Vielleicht verlier' ich meinen Job, womit bezahle ich dann die Schulden ab?« Oder Sie verlieren Ihren Job tatsächlich. Was tun Sie dann?

Wenn von Werten die Rede ist, denken wir vorwiegend daran, was etwas kostet. Haben Sie schon jemals daran gedacht, den Wünschen und Bedürfnissen Ihres Lebens das ganz persönliche Glück als den obersten Wertmaßstab anzulegen? Nicht zu fragen »Was kostet es?«, sondern »Wie glücklich macht es mich?«. Und sich dann erst zu fragen: »Brauche ich es wirklich?« Das setzt allerdings voraus, daß Sie sich sehr eingehend damit auseinandergesetzt haben, was Sie wirklich glücklich macht.

»Was brauche ich wirklich, um so glücklich sein zu können, wie ich sein möchte« – wie Sie sehen, dreht sich alles immer wieder um diese eine Frage. Sie verlangt nach den zwei eindeutigen Entscheidungen, die nur Sie selbst fällen können:

- Ich habe selbst für mich erkannt, was mich glücklich macht.
- Ich habe mich dafür entschieden, mein eigenes Glück als den Wertmaßstab meiner Entscheidungen anzuerkennen.

Aus eigener Kraft glücklich zu sein, das sollten Sie nicht vergessen, ist eine Frage des Glaubens. Es bedeutet nicht, an jedem Tag Ihres Lebens alles Glück erfahren zu können. Es bedeutet vielmehr, daran zu glauben, daß Sie dazu imstande sind.

47. Schritt
Entweder Sie benutzen Geld als Instrument des Glücklichseins, oder sie machen sich davon abhängig

Nicht wenige Menschen leben in der Vorstellung, Geld sei die wichtigste Grundlage Ihres Glücks, obwohl sie andererseits längst erkannt haben, daß Geld allein auch nicht glücklich macht. Dieser Zwiespalt bringt sie ständig in Schwierigkeiten.

Vermutlich denken Sie jetzt ohne Zögern: »Ja, ja, das ist schon richtig.« Aber was nützt Ihnen diese Erkenntnis, wenn Sie nicht danach handeln, weil Sie sich nie wirklich dazu entschieden haben, die Bedeutung des Geldes für Ihr Leben nach eigenen Vorstellungen zu bestimmen?

Welche Funktion hat das Geld in Ihrem Leben? Verursacht es Ihnen mehr Sorgen als Freude? Denken Sie manchmal daran, daß Sie alle Ihre Sorgen los wären, wenn Sie zwei oder vielleicht zehn Millionen im Lotto gewännen? Oder: Wie würden Sie sich entscheiden, wenn man Ihnen einen Job anböte, in dem Sie doppelt so viel verdienen wie bisher?

Dächten Sie zuerst daran, was Sie sich dafür alles leisten könnten, oder fragten Sie sich zuerst: »Wie glücklich würde mich dieser Job machen?« Ihre Antwort hängt davon ab, worin Sie den wirklichen Sinn Ihres Leben sehen.

Vielleicht ist Ihnen nichts wichtiger, als Ihrer Umwelt endlich zu beweisen, wie tüchtig Sie sind. Für immer mehr Frauen ist das Geld, das sie verdienen, der Maßstab ihrer Selbständigkeit. Sie sagen: »Endlich bin ich frei. Ich bin nicht mehr davon abhängig, daß mich ein Mann erhält.« Nichts hat für sie mehr Bedeutung als dieser Schritt zur Selbstbefreiung. Dafür sind Sie bereit, fast jeden Preis zu bezahlen.

Es besteht nicht der geringste Zweifel darüber, daß Geld für unser

Glück eine wichtige Funktion erfüllt. Allerdings nur dann, wenn wir diese Funktion selbst bestimmen – und in welcher Phase unserer Entwicklung.

Es mag ein gewaltiger Schritt zur persönlichen Freiheit sein, soviel zu verdienen, daß uns niemand mehr mit Geld erpressen kann. Aber alle unsere Bemühungen verlieren ihren Sinn, wenn wir damit eine ganz andere Abhängigkeit schaffen: Die Abhängigkeit vom Geld als Maßstab unseres Glücks. Denn nichts hat sich an der entscheidenden Frage geändert: »Bestimmt das Geld, was ich mir leiste, oder bestimme ich, was ich mir für mein Geld leiste?«

Oder, um es noch deutlicher zu sagen:

- Benutze ich das Geld, mit dem ich mich von meiner Abhängigkeit befreit habe, um meiner Mitwelt zu beweisen, wie tüchtig ich bin?
- Oder bin ich vom Urteil der Mitwelt so unabhängig, daß ich niemandem beweisen muß, wie glücklich ich bin?

In beiden Fällen erfüllt Geld eine Funktion, die uns wichtig erscheint. Aber es liegt allein an uns, darüber zu entscheiden, ob wir es dazu benutzen, glücklich zu sein. Oder ob wir uns damit in eine noch größere Abhängigkeit begeben.

48. Schritt
Wer die Regeln der Manipulation nicht durchschaut, darf sich nicht wundern, wenn sie ein Leben lang seinem Glück im Wege stehen

Zu den Hindernissen, die unserem Glück im Wege stehen, gehört die Arglosigkeit, mit der wir uns von anderen Leuten manipulieren lassen.

Machen wir uns nichts vor: Der Umgang der Menschen miteinander ist ein einziges manipulatives Spiel, in dem jeder versucht, seinen Vorteil herauszuholen. Wer sich darüber beklagt, ist nur zu bequem, dieses unvermeidliche Spiel erfolgreich mitzuspielen.

Ohne Übertreibung: Das ganze Leben *ist* permanente Manipulation. Jeder sucht seinen eigenen Vorteil. Auch, wenn es zum Nachteil eines anderen ist. Kaum einer gibt das offen zu, aber jeder weiß es. Warum also bekennen wir uns nicht dazu?

Politiker wollen an die Macht, Geschäftsleute wollen verdienen. Eltern wollen recht behalten, kleine Lehrer wollen Oberstudienrat werden. Medien buhlen nicht um die Wahrheit, sondern um Leser und Seher, damit sie ihre Werbeeinnahmen erhöhen. Liebende schwören alle Eide, um den Partner ins Bett oder in die Ehe zu locken. Selbst die aufopfernde Mutter Teresa ließ nichts unversucht, genug Geld einzutreiben, um notleidenden Indern helfen zu können. Zugegeben, ein höchst edles Bemühen, aber auch nichts anderes als Manipulation. So ist die Welt nun einmal, in der wir leben und glücklich sein möchten. Wenn wir das nicht durchschauen, dürfen wir uns nicht wundern, wenn wir von einer Enttäuschung in die andere stolpern.

Wir können Probleme nur lösen, wenn wir sie nicht beschönigen. Das gilt für die Manipulation genauso, wie für jedes andere Problem. Erst wenn wir durchschauen, wie man uns manipuliert,

117

sind wir imstande, selbst zu entscheiden, ob und wie wir dieses unvermeidliche Spiel mitspielen wollen oder wie wir uns davor schützen können.

Die fünf wichtigsten Regeln der Manipulation lauten:

1. Machen Sie jemanden von sich abhängig und erpressen Sie ihn damit so lange, wie er es sich gefallen läßt.
2. Reden Sie jemandem ein, daß er ohne das, was Sie ihm verkaufen wollen, nicht leben kann – und holen Sie den besten Preis heraus.
3. Wenn Sie einem anderen lange genug eine Botschaft suggerieren, glaubt er sie eines Tages. Auch wenn es die größte Lüge ist.
4. Machen Sie jemandem so lange angst, bis er dankbar nach dem Rettungsanker greift, den Sie ihm zuwerfen. Vergessen Sie nie, ihn ständig daran zu erinnern und sein Schuldbewußtsein zu schüren.
5. Nehmen Sie jemandem so lange seine Probleme ab, bis er sich selbst nicht mehr helfen kann. Dann kauft er Ihnen eines Tages alles ab, was Sie ihm einreden.

»Alles das ist maßlos übertrieben, herzlos und unmoralisch«, denken Sie jetzt wahrscheinlich. Vielleicht denken Sie es aber nur deshalb, weil es nicht in das heile Weltbild paßt, das Ihren Blick für die nüchterne Realität der Welt trübt, in der wir nun einmal leben müssen.

49. Schritt
Wer Ihnen Schuldgefühle einredet, will von Ihrer Sühne profitieren

Zu den wichtigsten Regeln der Manipulation, mit denen wir täglich konfrontiert sind, gehört es, Dankbarkeit und Schuldgefühle zu wecken und daraus Nutzen zu ziehen. Aber Schuld und Sühne haben noch selten jemandem Glück gebracht, weil Schuldgefühle uns erpreßbar machen.

Wenn Sie entschlossen sind, Ihr Glück nach eigenen Maßstäben zu erreichen, ist es unvermeidlich, sich mit dem Argument auseinanderzusetzen: »Wo kämen wir denn hin, wenn jeder so lebte, wie er möchte. Ohne Rücksicht auf andere?« Dieser Vorwurf ist der klassische Versuch, Ihr Schuldgefühl zu erwecken.

Warum haben Sie Schuldgefühle? Ganz einfach deshalb, weil Sie nicht das tun, was andere von Ihnen erwarten. Andere legen die Maßstäbe Ihres Verhaltens fest, und *Sie* fühlen sich schuldig, weil Sie diesen Maßstäben nicht gerecht werden. Und was tun Sie? Sie versuchen, sich von dieser Schuld freizukaufen. Und wer profitiert davon? Alle, denen es gelingt, Ihnen Schuldgefühle einzureden.

Wie erfolgreich diese Manipulation funktioniert, bestätigt die Milliarden-Industrie der Helfershelfer. Mit den unüberschaubaren kleinen Spenden von Millionen schuldbewußter Bürger helfen sie Menschen, Tieren und sogar der Natur, weil es ihnen meisterhaft gelingt, uns für deren Leiden verantwortlich zu machen.

Vor ein paar hundert Jahren kauften sich Gläubige bei ihren Beichtvätern von Sünden frei, die eigens für dieses einträgliche Geschäft erfunden wurden. Ablaßzahlung nannten sie diese einträgliche Manipulation, die auf dem einfachen Prinzip von Schuld und Sühne beruhte: »Rede den Menschen Schuldgefühle ein, damit du von ihrer Sühne profitieren kannst.«

Genau betrachtet, hat sich an dieser Strategie bis heute nichts geändert. Schuldbewußtsein und Sühnezahlung schaffen Abhängigkeit von allen jenen, die diese Strategie für sich zu nutzen verstehen. Kinder erpressen damit ihre Eltern, Eltern ihre Kinder, der Staat die Bürger, und wenn Sie sich die Zeit nehmen, ein wenig darüber nachzudenken, fallen Ihnen sicherlich noch ein paar Dutzend andere Beispiele ein.

Seine Maßstäbe selbst zu finden, danach zu handeln und ohne Schuldgefühle das Leben zu führen, wie wir selbst es fahren wollen – kennen Sie einen besseren Weg, ein freier und glücklicher Mensch zu sein? Wenn jemand Sie dafür einen rücksichtslosen Egoisten nennt, der zuerst an sich selbst und dann erst an die Gemeinschaft denkt, liegt es vielleicht nur daran, daß er Sie darum beneidet.

Jemand anderem ein Schuldgefühl einreden zu wollen, ist oft nichts anderes als der Versuch, sein eigenes Schuldbewußtsein mit jemand anderem zu teilen, um sich wenigstens auf diese Weise ein bißchen besser zu fühlen.

50. Schritt
Alles im Leben entscheidet sich in einem kurzen Augenblick, auf ihn sollten Sie gut vorbereitet sein

Jede Entscheidung, die wir fällen, erfolgt in einem kurzen Augenblick. Wir sagen »Ja«, »Nein« oder »Vielleicht«, und es kann unser Leben verändern. Gleichgültig, ob diese Entscheidung falsch oder richtig war.

Zwei Faktoren bestimmen eine Entscheidung: Die Einflüsse von außen und die Einflüsse von innen. Ein Wunsch, den wir uns erfüllen möchten, kann aus einem persönlichen Bedürfnis entstehen, das über einige Zeit hinweg in uns gereift ist und uns eines Tages bewußt wird. Oder ein Wunsch wird von außen erweckt.

Unser Alltag ist voll von Erweckungsimpulsen, immer verbunden mit der Absicht, uns zu einer Entscheidung zu drängen, die den Impulsgebern nützt. Es liegt an uns, wie wir darauf reagieren:

- Wer nicht selbst weiß, was er will, was er braucht und was ihn glücklich macht, der denkt, glaubt und kauft, was andere ihm einreden. Er ist leicht zu manipulieren und ist froh darüber, daß er nicht lange überlegen muß.
- Wer selbst weiß, was für ihn richtig ist, kann jedes manipulative Angebot anderer Leute nach seinen eigenen Maßstäben überprüfen.

Jede Ihrer Entscheidungen fällt in einem einzigen Augenblick, der Ihr Leben für lange Zeit beeinflussen kann. Alles hängt davon ab, wie Sie darauf vorbereitet sind: Lassen Sie sich überrumpeln oder entscheiden Sie so, wie es Ihrer eigenen Vorstellung entspricht. Fast immer sind dabei zwei Faktoren von Bedeutung: das Vorher und das Nachher.

- Das Vorher sind die Voraussetzungen für eine Entscheidung: Warum sagen Sie »Ja«, »Nein« oder »Vielleicht«? Aus Schuldgefühl oder Dankbarkeit, aus Angst oder ganz einfach, weil andere auch so entschieden haben und Sie nicht aus der Reihe tanzen möchten. Aus der Unsicherheit: »Wenn viele sich so entscheiden, wird es wohl für mich auch richtig sein.« Oder Sie urteilen aus dem Selbstbewußtsein heraus, daß für Sie keineswegs auch richtig sein muß, was andere sich einreden lassen.
- Das Nachher, das sind die Folgen Ihrer Entscheidung: Wenn Sie, wie viele Hunderttausend es tun, in der Euphorie einer Illusion, die Ihnen vorgegaukelt wird, einen Vertrag unterzeichnen, der Sie jahrelang in Schulden stürzt, haben Sie im Augenblick der Entscheidung zu wenig daran gedacht, wie wichtig Ihnen Ihre Freiheit ist.

Diese Entscheidung kann trotzdem nicht falsch gewesen sein. Vorausgesetzt, Sie lernen daraus. Sie lernen, wie wichtig es für zukünftige Entscheidungen ist, rechtzeitig an die Folgen zu denken. Bewußtmachung kann schließlich auf zweifache Weise erfolgen: Entweder wir bedenken *vor* einer Entscheidung alle Faktoren, die für uns wichtig sind. Oder wir werden zu einer Entscheidung verführt und lernen aus den Folgen.
Wie Sie wieder einmal sehen können, ist nichts wirklich falsch oder richtig. Alles hängt vielmehr davon ab, was wir daraus für uns lernen.

51. Schritt
Der Sinn einer Partnerschaft besteht darin,
gemeinsam die Probleme besser zu lösen,
als man sie allein lösen könnte

Kommen wir an dieser Stelle noch einmal auf das Argument zurück: »Egoisten sind Leute, die auf Kosten anderer glücklich sein möchten.« Oder die Empörung, wenn man jemandem offen gesteht: »Ich liebe mich, und ich denke an mein eigenes Glück zuerst.« Ist jemand, der so etwas sagt – also ein bekennender Egoist , ein guter oder ein schlechter Partner?

Sie sollten sich mit dieser Frage ernsthaft auseinandersetzen, denn sie enthält zwei anerzogene Vorurteile. Erstens: Egoisten sind grundsätzlich schlecht. Zweitens: Es gäbe, ganz allgemein gesehen, gute und schlechte Partner.

Wenn Sie einen Partner wählen, ist es Ihre ganz persönliche Entscheidung. Wie »allgemein« von Außenstehenden darüber geurteilt wird, kann Sie nur beeinflussen, wenn Sie auf andere Leute mehr hören, als auf sich selbst. Jedes Vorurteil, das Sie einem Partner entgegenbringen, ist ein Hindernis für jede glückliche Partnerschaft.

Zu den Vorurteilen in der Beziehung zwischen Mann und Frau gehören traditionelle Rollenverteilungen wie: Der Mann verdient das Geld, die Frau versorgt Heim und Kinder. Oder: Die Kindererziehung ist Sache der Frau. Ein anderes Vorurteil ist natürlich auch die Hoffnung: »Wir lieben uns, das ist die Hauptsache. Alles andere wird sich schon von selbst ergeben.«

Wahrscheinlich gibt es drei Beweggründe für die Partnerwahl:

- Gefühl, Sex, Intuition.
- Sie treffen die Entscheidung aus Vernunftgründen. Indem Sie vielleicht denken: »Der Partner hat Eigenschaften, die ich

nicht habe – und umgekehrt. Wenn wir unsere Möglichkeiten vereinen, werden wir gemeinsam etwas zuwege bringen, was ich allein nie erreichen könnte.«

- Oder: Gefühl, befriedigender Sex aber auch Vernunftgründe sind gleichermaßen an der Auswahl beteiligt.

Vermutlich können Sie wenig Einfluß auf Ihr Gefühl und Ihre Intuition nehmen. Das sollten Sie auch nicht. Denn das sind die ausgleichenden Faktoren zur Vernunft. Sexualität ist der unsicherste Faktor unter den Auswahlkriterien. Denn je stärker die anfängliche Intensität eine Entscheidung bestimmt, um so größer ist die Enttäuschung, wenn Sex zur Routine, Pflicht oder zum manipulativen Instrument wird.

Natürlich kann eine Partnerschaft zeitlich begrenzt sein: »Wir bleiben zusammen, solange wir uns verstehen. Wenn wir nicht mehr miteinander können, trennen wir uns eben wieder.«

Wie immer Sie entscheiden, das Ergebnis hängt davon ab, welche Rolle Sie sich selbst zuordnen: Machen Sie das Glück der Gemeinsamkeit vom Partner, der Liebe oder Zufälligkeiten abhängig, oder gehen Sie von dem Standpunkt aus: »Was bringe ich selbst an Fähigkeiten, Stärken und Schwächen ein, und was darf ich vom anderen erwarten?« Denn eines scheint außer Zweifel: Der Sinn einer dauerhaften Partnerschaft besteht darin, daß beide gemeinsam glücklicher sind, als sie es allein wären.

52. Schritt
Blättern Sie in dem Buch, das die Natur
nur für Sie allein geschrieben hat

Es gibt zwei Quellen, aus denen wir Wissen über uns beziehen können: äußere und innere. Es scheint, als hätte der Überfluß an Botschaften, mit denen die Außenwelt uns überflutet, bei den meisten Menschen die innere Quelle zum Versiegen gebracht.

Wenn Sie sich auf die Suche nach sich selbst, Ihrem Glück und dem Sinn Ihres Lebens machen, wo anders könnten Sie die Antworten darauf finden, als in sich selbst? Was viele Menschen davon abhält, sind fehlendes Selbstvertrauen und Ungeduld. Sie glauben einfach nicht daran, daß sie selbst sich unendlich viel über sich zu sagen hätten. Und wenn ihr inneres Ich ihnen eine Mitteilung macht, nehmen sie es nicht ernst.

Vor einiger Zeit kam ein deutscher Gehirnspezialist, der an einem zehnjährigen Forschungsprogramm über die Glücksgefühle des Menschen arbeitet, zu folgendem Schluß: »Glück ist die Voraussetzung für Erfindungsreichtum und das Streben nach neuen Horizonten. Also die mächtigste Triebfeder für die Entwicklung der Menschheit schlechthin.« Schön und gut. Aber was nützt Ihnen diese Erkenntnis bei der Suche nach Ihrem eigenen Glück? Natürlich gibt es ein reichhaltiges Angebot an Selbstfindungsmethoden. Von Yoga bis Zen-Meditation, religiöse Übungen, Gebete und Askese, Kurse und Seminare, Workshops und natürlich Bücher, Bücher, Bücher. Was immer Sie auch lesen und lernen, letzten Endes sind Sie nachher doch wieder allein mit sich selbst. Warum fangen Sie nicht einfach mit der Suche nach Lösungen ganz am Anfang an, bei sich? Mit der Viertelstunde an jedem Tag, in der Sie sich in eine stille Ecke setzen, die Augen schließen, zehn ruhige Atemzüge machen und nichts anderes tun, als mit sich selbst einen inneren Dialog zu beginnen?

Stellen Sie sich Fragen und nehmen Sie die Antworten ernst, die Ihnen dazu einfallen. Oder, um es anders auszudrücken: Blättern Sie in dem Buch, das die Natur allein für Sie geschrieben hat. Für Sie, als das unverwechselbare Individuum. Schließlich gibt es keine zwei vollkommen gleiche Menschen in der Welt. Sie sind auf Ihre Weise einmalig. Die Natur, die Sie dazu gemacht hat, gibt Ihnen mit großer Wahrscheinlichkeit auch das Konzept mit auf den Weg, Ihren ganz persönlichen, einmaligen Weg zu gehen. Worum es also geht, ist nichts anderes, als diese Gebrauchsanleitung aufzuschlagen und darin zu lesen.

Fangen Sie damit an, daß Sie nach der Seite in Ihrem inneren Buch suchen, auf der die Antworten auf die Frage stehen: »Wer bin ich wirklich, was macht mich glücklich und was kann ich tun, um so zu leben, wie es mir, meinem Wesen und meinen Ansprüchen entspricht?«

Horchen Sie in sich hinein, ohne vorgefaßte Antworten zu erwarten. Sie befinden sich schließlich auf Entdeckungsreise in ein Land, das Sie noch nicht kennen. Entdecken Sie, hören Sie zu, lernen Sie. So, als würden Sie in Paris durch den Louvre wandern und sich von den Kunstwerken beeindrucken lassen, die Sie in jedem Saal überraschen.

53. Schritt
Die Tüchtigen haben ein Problem:
Sie kommen nie zur Ruhe

Tüchtige, erfolgreiche Menschen werden bewundert. Sie sind die
Helden unserer Zeit, in der Wohlstand, Technik, Geld und Fortschritt zum neuen Glaubensbekenntnis erhoben wurden. Wer
reich, berühmt und einflußreich ist, ist jemand. Wer arm ist, ist
niemand. Er dient denen, die mehr sind, dazu, sich besser zu
fühlen. Das ist der Maßstab des Erfolgs, nach dem Menschen
gemessen werden. Irgendwie sind wir alle infiziert von dieser
Ideologie der Tüchtigkeit.
Tüchtigkeit, das heißt, siegen müssen und nicht verlieren dürfen.
Wer sich diesem Gebot unterwirft, gibt die Chance aus der Hand,
sein Leben selbst zu gestalten. Tüchtigkeit bedeutet: jagen, gejagt
werden und Angst vor der Niederlage.
Glücklichsein dagegen bedeutet, aus der Hetzjagd des Getriebenwerdens auszusteigen und Ruhe in sich selbst zu finden. Dazu ist
die eindeutige Entscheidung erforderlich, von der hier immer
wieder die Rede ist.

- Lasse ich andere Leute über mein Leben bestimmen?
- Oder nehme ich es selbst in die Hand?

Was bedeutet Erfolg für Sie? Sind Sie sich darüber schon im
klaren? Bedeutet Erfolg für Sie, Ihrer Mitwelt etwas beweisen zu
wollen, oder setzen Sie alle Energie dafür ein, nach eigenen
Vorstellungen glücklich zu sein? Nach eigenen Vorstellungen
heißt nichts anderes, als die Ziele Ihres Lebens selbst festzulegen.
Wenn Sie anderen beweisen wollen, wie tüchtig Sie sind, sind Sie
von der Anerkennung durch Ihre Mitwelt abhängig. Sie können
den größten Sieg erringen, wenn andere Sie dafür nicht bewun-

dern, werden Sie trotzdem unglücklich sein. Und noch etwas: Wenn Ihr Sieg darin besteht, jemanden anderen zu besiegen, sind Sie auch vom Verlierer abhängig. Aber wer die Niederlage eines anderen Menschen braucht, um sich vor der Mitwelt zu bestätigen, schafft sich damit im Augenblick des Sieges bereits ein Problem, das ihn selbst eines Tages zur Strecke bringen wird: den Jäger, der nichts unversucht läßt, um seine Niederlage zu rächen. Diesen Kreislauf des Jagens und Gejagtwerdens können Sie nicht nur im Sport beobachten. Er gilt für alle Bereiche des Lebens. Natürlich auch für die Partnerschaft und die Familie. Denn Kinder, die von autoritären Eltern immer nur besiegt werden, rächen sich irgendwann einmal dafür. Auch für den sogenannten »Kampf der Geschlechter« gilt dieses Prinzip der gegenseitigen Demütigung. Wer durch seine Tüchtigkeit und den Zwang zum Rechthaben-Müssen lange genug anderen Menschen keine Chance zur Selbstbestätigung gibt, schafft sich seine Gegner selbst.

Und die Alternative dazu? Ganz einfach: Verändern Sie Ihre Zielvorstellung. Hören Sie auf, anderen Ihre Tüchtigkeit zu beweisen, sondern beweisen Sie einfach nur sich selbst, wozu Sie imstande sind. Machen Sie nicht den Erfolg zum Maßstab Ihres Denkens und Handelns, sondern das wunderbare Gefühl, wenn Sie es wieder einmal geschafft haben, ein Hindernis zu überwinden, das Ihrem Glück bisher im Wege stand. Das macht Sie nicht nur unabhängig von Verlierern und der Bewunderung anderer, es ist ein Schritt zum freien, selbstbestimmten Bürger.

54. Schritt
Wenn Sie auf dem Gipfel stehen, sollten Sie darauf vorbereitet sein, wieder ins Tal hinunterzusteigen

Erfolgsorientierte Menschen haben oft ein Problem: Sie setzen alle Ihre Energie für den Aufstieg zum Gipfel ein und vernachlässigen die Vorbereitung auf die Strapazen für den unvermeidbaren Abstieg ins Tal.

Dieses Phänomen können Sie beobachten, wohin Sie auch schauen. Der junge Star, der mit dem schnellen Erfolg nicht fertig wird, oder der alternde Star, dem es unerträglich ist, von niemandem mehr bewundert zu werden.

Auch das Problem des Pensions-Schocks gehört dazu. Ein Leben lang haben sich viele Menschen dabei verausgabt, Posten zu erkämpfen, Titel zu erringen und ihre Tüchtigkeit unter Beweis zu stellen. Eines Tages – keinesfalls unvorhersehbar – sind sie weg vom Fenster. Statt den letzten Abschnitt ihres Lebens zum schönsten zu machen, degradieren sie sich selbst zur Nutzlosigkeit und zum »alten Eisen«. Kein Wunder, daß so viele an dieser Krise scheitern. Manche werden krank, um – wie wir wissen – wenigstens auf diese Weise noch Beachtung zu finden. Sei es auch nur durch das Mitleid anderer.

Und warum das alles? Weil sie nicht rechtzeitig erkannt haben, daß Tüchtigkeit, Erfolg und Anerkennung nur dann sinnvoll eingesetzt sind, wenn sie durch das Gerüst einer starken Gesamtpersönlichkeit abgesichert werden. Dieses Gerüst beruht auf der einfachen Frage, von der in diesem Buch immer wieder die Rede ist. Die Frage: »Wer bin ich, und was brauche ich wirklich, um so glücklich sein zu können, wie ich sein möchte?«

- Wenn das höchste Ziel Ihres Lebens darin besteht, möglichst viel Geld zu verdienen, dürfen Sie sich nicht wundern, wenn Ihre Partnerschaft oder Ihre Familie unter der Vernachlässigung leiden oder sogar scheitern.
- Wenn Sie vom Ehrgeiz nach Anerkennung gejagt werden, bleibt Ihnen vielleicht zu wenig Zeit, rechtzeitig und täglich etwas für Fitneß und Gesundheit zu tun.
- Wenn Sie Ihre Gefühle lange genug unterdrücken, weil Tüchtigkeit dafür keinen Raum läßt, stellen Sie vielleicht eines Tages fest, daß Sie an den schönsten Dingen des Lebens achtlos vorbeigehetzt sind.

Alles im Leben hat, wie Sie sehen, seinen Preis. Wer ganz oben sein will, geht das Risiko ein, tief zu fallen, wenn er der Anstrengung nicht gewachsen ist. Wenn Sie an jedem Tag glücklich sein möchten, sollten Sie sich bewußt sein, daß jedes Glück mit Unglück verbunden ist. Deshalb besteht Ihr Training des Glücklichseins aus zwei Einheiten:

- Stärken Sie unermüdlich alle Fähigkeiten, die erforderlich sind, um die Hindernisse zu bewältigen, die dem Glück im Wege stehen.
- Stärken Sie unermüdlich den Glauben an sich selbst, damit er Ihnen nach jeder Niederlage die Kraft verleiht, einen neuen Aufstieg zum Gipfel zu wagen.

Das Glück von heute ist sehr oft schon das Unglück von morgen. Auf *beides* sollten Sie jederzeit vorbereitet sein.

55. Schritt
Die größte Lüge wird zur Wahrheit, wenn Sie ungeprüft daran glauben

Es gibt, wie wir wissen sollten, keine Wahrheit, die für jedermann und für alle Zeiten gilt. Jeder, der uns seine Wahrheit als unsere Wahrheit verkaufen möchte, kann nur dann erfolgreich sein, wenn wir ihm ungeprüft glauben.

Politische Parteien – und nicht nur sie – leben davon, daß Millionen Menschen ihren Aushängeschildern und Funktionären die Botschaften glauben, die sie als Wahrheit verkünden. Wer an diese Wahrheit glaubt, wählt seine Partei, auch wenn sich viele der Versprechungen später als Lügen herausstellen. Aber gutgläubige Anhänger zu allen Zeiten und aller Schichten *wollen* glauben. Sie klammern sich an Botschaften anderer Leute, weil sie selbst keine Botschaft oder Wahrheit für sich selbst besitzen. Als gegen Ende des Zweiten Weltkriegs bereits Millionen Deutsche daran zweifelten, daß ihre Armeen siegen könnten, schrien trotzdem einige hunderttausend begeisterte Bürger bei einer Massenveranstaltung in Berlin »Ja«, als sie gefragt wurden: »Wollt ihr den totalen Krieg?« Viele von ihnen glaubten daran, obwohl es sich später als Lüge herausstellte, daß durch dieses Bekenntnis der Krieg noch zu gewinnen sei.

Heute glauben Millionen Menschen von Atlanta bis Wladiwostok, daß eine Limonade namens Coca-Cola ihnen Frische und Jugendlichkeit verleiht, obwohl noch vor 70 Jahren dieses Getränk in den USA einige Zeit lang für die amerikanische Armee verboten wurde, weil es angeblich Suchtgift enthält. Heute sind Coca-Cola, McDonald's und Computer, Mercedes und Internet Glaubensbekenntnisse. Aber ist es die Wahrheit, daß die Welt ohne sie nicht mehr existieren könnte?

Wahrheit, Glaube und Lüge – wer kann Ihnen sagen, was das eine oder das andere ist? Wer weiß, was Kunst und was Kitsch ist? Wer bestimmt, ob das Gemälde eines alten oder neuen Meisters fünf, zehn oder 50 Millionen wert ist? Wer daran glaubt, wird es bezahlen.

Wer seine eigene Wahrheit gefunden hat und die Maßstäbe und Wahrheiten anderer danach prüft, ist keineswegs davor gefeit, einem Lügner auf den Leim zu gehen. Vielleicht macht ihn diese Lüge sogar glücklich. Allerdings nur so lange, wie er daran glaubt. Irgendwann einmal, wenn die Zweifel beginnen, steht er – wie in so vielen Situationen des Lebens – vor der Entscheidung:

- Verdränge ich meine Zweifel, weil es für mich besser ist, wenigstens an irgend etwas zu glauben als an gar nichts. Und mache ich trotz aller Bedenken eine Lüge zu meiner Wahrheit?
- Oder glaube ich an mich und meine Fähigkeit, selbst entscheiden zu können, was für mich Wahrheit oder Lüge ist?

Wie Sie sehen, können uns Wahrheiten und Lügen glücklich machen. Auch Wahrheiten, hinter denen sich die größten Lügen verbergen. Aber immer liegt es an uns, wem wir mehr Glauben schenken: uns oder anderen.

56. Schritt
Wenn Sie den goldenen Mittelweg wählen,
dürfen Sie sich nicht darüber wundern,
daß er überfüllt ist

Wenn wir darangehen, unser Glück nach eigenen Ideen und aus eigener Kraft zu gestalten, ist die Drehscheibe unserer Bemühungen stets der Entscheidungsprozeß. Ob in kleinen oder großen Dingen, immer gilt es zu entscheiden:

- Was soll ich, darf ich, was tut man, was erwartet man von mir?
- Oder: Was will ich, was nützt mir, was macht *mich* glücklich?

In uns allen ist ganz offensichtlich ein unstillbares Bedürfnis nach Selbstentfaltung, Selbstbefreiung und Glück. Wir können dieses Bedürfnis unterdrücken oder es befriedigen. Wir können unter 50000 Menschen in einem Fußballstadion sitzen und in der Masse glücklich jubeln, wenn unser Held ein Tor geschossen hat. Als Ersatzbefriedigung für die eigene Unfähigkeit, der Held zu sein, der wir selbst gerne sein möchten.

Wir bleiben geschützt und passiv in der Masse verborgen, der Held läuft auf das Spielfeld und geht das Risiko ein, zu siegen oder eine Niederlage zu erleiden. Er hat die Entscheidung gefällt: Ich agiere selbst, ich spiele und riskiere, ich leide und koste den Augenblick des Sieges aus, als Befriedigung des Bedürfnisses nach Selbstentfaltung und Glück.

Die Entscheidung also lautet: Gestalte ich mein Glück durch eigenes Bemühen, oder genügt es mir, geborgen in der Masse der Unbefriedigten darauf zu warten, bis ich am Glück eines anderen teilhaben darf.

Noch nie zuvor war in einer Gesellschaft das Angebot an Ersatzbefriedigung so groß wie heute. Täglich werden wir aus allen

Ecken und Enden auf Massenverhalten trainiert. Die Botschaften lauten:

- Bleib daheim sitzen, wir liefern dir die Helden ins Haus.
- Kaufe jetzt – bezahle später.
- Denke nicht. Wir denken für dich, entscheiden für dich, sagen dir, was dich glücklich macht.

Nicht die Kluft zwischen Armen und Reichen wird größer in dieser Gesellschaft, sondern die Kluft zwischen Massenmenschen und Individualisten, die ihr eigenes Leben leben. Das ist die Entscheidung, der Sie sich nicht entziehen können: »Bleibe ich eingeengt im Massenverhalten, oder breche ich aus und gehe meinen eigenen Weg?«

Diese eine, scheinbar so einfache und selbstverständliche Entscheidung bestimmt unser Leben an jedem Tag vom Aufwachen bis zum Einschlafen. Millionen Menschen beginnen den Tag mit freudiger Erwartung auf den Abend, wenn ihre Helden auf das Spielfeld laufen. Und sie schlafen ein mit dem Gedanken: »Ich bin glücklich – *wir* haben gesiegt.«

Nichts daran ist gut oder schlecht, richtig oder falsch. Wen das Gedränge in der Masse glücklich macht, sollte es genießen. Bis zu dem Tag, an dem das Bewußtsein unerträglich wird, nicht er selbst zu sein, sondern Gefangener des goldenen Mittelweges.

57. Schritt
Prüfen Sie einmal ganz ehrlich, ob Ihnen der Stolz in Ihrem Leben mehr Nachteile oder Vorteile gebracht hat

Das Gefängnis, in das die lebenslange Erziehung uns eingezwängt hat, ist von Gitterstäben umgeben, an denen wir von Zeit zu Zeit hilflos rütteln, wenn die Enge uns zu erdrücken droht. Wir rütteln daran, aber wir befreien uns nicht. Warum nicht? Haben Sie darüber schon einmal nachgedacht?

Vermutlich liegt es daran, daß wir Angst vor der Freiheit haben, nach der wir uns so sehr sehnen. Wir haben Angst davor, weil wir gar nicht wissen, worin diese Freiheit für uns eigentlich bestehen sollte. Im Gefängnis können wir uns wenigstens an die Gitter klammern und uns damit trösten: »Ich habe ja daran gerüttelt, aber niemand hat mich befreit.«

Freiheit – gibt es sie überhaupt, oder ist sie nur eine ewig ungestillte Sehnsucht, die sich niemals erfüllen kann? Die Antwort hängt davon ab, wo Sie selbst Ihre Freiheit suchen und welchen Preis Sie dafür zu zahlen bereit sind. Das bedeutet nicht mehr und nicht weniger, als daß Sie Ihre eigene Freiheit in Ihren Gedanken und mit Ihren Entscheidungen bestimmen können.

Worin also sehen Sie Ihre Freiheit und womit beginnen Sie bei Ihrer Selbstbefreiung? Was sollten Sie tun, wenn die Enge der Gewohnheiten und Vorschriften unerträglich wird?

• Sollten Sie Ihren Job kündigen, Hab und Gut verkaufen, die Familie verlassen und auf die berühmte einsame Insel oder in das Land der unbegrenzten Möglichkeiten flüchten?

• Oder ist Ihre Freiheit in Ihnen selbst und in Ihrer Einstellung zu der Welt um Sie herum, in der Sie leben?

Wenn Sie zu der Überzeugung gelangt sind, Ihr Glück aus eigener Kraft zu gestalten, hängt dieses Glück nicht mehr von den äußeren Umständen ab, unter denen Sie leben. Ihr Glück hängt davon ab, wie Sie diese Umstände betrachten. Sie selbst bestimmen in Ihrer Phantasie darüber, ob Ihr Job oder die Familie Sie einengt oder ob Sie Job und Familie dazu benutzen, sich aus dem Käfig zu befreien, in den Sie selbst sich eingesperrt haben. Als Schutz davor, jemand könnte jenen Teil Ihres Ich durchschauen, den Sie mit aller Gewalt verbergen möchten.

Autorität, Macht, das Streben nach Anerkennung und natürlich auch der Stolz gehören zu den Schutzgittern des selbstgewählten Gefängnisses. Stellen Sie sich doch einmal die einfache Frage, ob Ihnen Stolz in Ihrem bisherigen Leben mehr Nachteile als Vorteile gebracht hat. Hat Macht oder Autorität über andere Sie glücklicher gemacht, oder sind es nur Schutzgitter, um niemanden an sich heranzulassen. Aus Angst davor, er könnte Ihre Schwächen durchschauen?

Wenn Sie den Schritt gemacht haben, sich zu sich selbst zu bekennen, so wie Sie sind, ist es nicht mehr notwendig, dieses selbstbewußte Ich vor anderen zu beschützen. Das Selbstbekenntnis ist Ihr neuer Schutz. Sie wissen, was Sie wollen, tun es und sind glücklich darüber. Sie sind befreit von der Abhängigkeit davon, was andere über Sie denken könnten.

58. Schritt
Es gibt keine Gerechtigkeit. Es sei denn,
Sie überlassen sie nicht anderen Leuten

Es gibt keine Gerechtigkeit, oder sind Sie anderer Meinung? Wenn ein Gericht ein »gerechtes Urteil« fällt, ist das schon Gerechtigkeit? Und welche Faktoren bestimmen darüber?

- Der Staatsanwalt ist nicht dazu da, um Gerechtigkeit zu fordern, sondern Anklage zu erheben.
- Der Richter ist dazu da, Gesetze zu wahren, die nicht zum Wohle einzelner Menschen, sondern vorgeblich zum Schutz der Allgemeinheit gemacht wurden.
- Urteile sollen abschrecken und die Allgemeinheit davor warnen, die Gesetze zu übertreten.
- Rechtsanwälte werden dafür bezahlt, die Interessen ihrer Kunden zu wahren, aber nicht die Gerechtigkeit.
- Urteile werden auf Grund von Beweisen gefällt oder auf Grund von Indizien, die glaubwürdig erscheinen.
- Geschworene stehen unter dem Zwang, ein Urteil fällen zu müssen, auch wenn Sie nur die Hälfte von dem verstanden haben, worüber sie urteilen sollen.

Das sind die Faktoren, aus denen »gerechte Urteile« entstehen. Worin also besteht die Gerechtigkeit Ihrer ganz persönlichen Meinung nach? Die Frage stellen Sie sich vielleicht gar nicht, solange Sie nicht verurteilt oder freigesprochen wurden. Aber werden wir das nicht auf irgendeine Weise an jedem Tag?
Lehrer beurteilen Schüler, Eltern ihre Kinder, Chefs die Untergebenen. Jede dritte Ehe wird vor einem Scheidungsrichter getrennt, und nicht selten widerfährt jenem Partner die gewünschte Gerechtigkeit, der sich den geschickteren Rechtsanwalt leisten kann.

Gerechtigkeit, so scheint es, ist ein Rettungsring, an den wir uns klammern, wenn wir uns außerstande fühlen, aus eigener Kraft das rettende Ufer zu erreichen. Wenn Sie sich nicht darauf verlassen wollen, bleibt es Ihnen nicht erspart, rechtzeitig schwimmen zu lernen.

Und wie lernt man schwimmen? Ganz einfach dadurch, daß Sie aufhören zu hoffen, daß Ihnen Gerechtigkeit widerfährt. Denn es gibt sie nicht. Wer bei Gericht freigesprochen wird, benutzt dies als Rechtfertigung dafür, im Recht zu sein, auch wenn er schuldig ist. Wer verurteilt wird, benutzt dies nicht selten als Rechtfertigung für sein Selbstbedauern: »Ich fühle mich im Recht, aber niemand gibt es mir. Ist es ein Wunder, wenn ich verzweifelt bin?«

Gerechtigkeit zu erwarten bedeutet ganz offensichtlich nichts anderes, als das Urteil über unsere eigenen Versäumnisse von anderen zu erwarten und zu hoffen, daß es zu unseren Gunsten ausfällt. Unser Leben aus eigener Kraft zu gestalten bedeutet, uns selbst nach den Maßstäben zu beurteilen, die unser Glück bestimmen.

Wenn Sie selbst alles Ihnen Mögliche dazu beitragen, eine glückliche Ehe zu führen, vermindern Sie die Wahrscheinlichkeit erheblich, auf das gerechte Urteil eines Scheidungsrichters hoffen zu müssen. Meinen Sie nicht auch?

59. Schritt
Immer wenn Sie aus Gefälligkeit »Ja« sagen, obwohl Sie »Nein« sagen möchten, geben Sie ein Stück Ihres Selbstbewußtseins auf

Glück ist, wie Sie vielleicht schon verstanden haben, nicht das große, gewaltige, ersehnte Gefühl, das uns trifft wie ein Blitzschlag aus heiterem Himmel. Glücklichsein bedeutet:

- Zuerst die Entscheidung für eine Vision, die uns für den Rest unseres Lebens vorschwebt.
- Dann muß ein Plan folgen, wie wir die Fähigkeiten entwickeln wollen, die notwendig sind, um diese Vision erfüllen zu können.
- Und schließlich ist es erforderlich, diese Fähigkeiten im täglichen Leben so lange zu trainieren, bis sie ein Teil von uns geworden sind.

Die Arbeit an diesem täglichen Glücklichsein ist ein Bestandteil des Glücks, das sollten Sie nicht vergessen. Oder, um es provokanter auszudrücken. Wir brauchen die Niederlagen, um immer wieder siegen zu können. Wie sonst sollten wir erfahren, welche Fähigkeiten wir noch verbessern müssen?

Wenn das Ihre Einstellung zum Glücklichsein ist, machen Sie einen großen Schritt vorwärts in Ihrem Bemühen. Sie verändert Ihre Betrachtungsweise zu Niederlagen, Enttäuschungen und Irritationen durch die Mitwelt. Streichen Sie diese Worte aus Ihrem Denken. Sagen Sie nicht mehr: »Ich habe eine Niederlage erlitten.« Sagen Sie: »Ich habe etwas dazugelernt, das mir hilft, es beim nächsten Mal besser zu machen.«

Das gilt genauso für Begriffe wie Enttäuschung, Angst oder Egoismus. Wenn wir diese Worte denken, assoziieren wir damit die Bedeutung, an die unsere Erziehung uns gewöhnt hat. Sie sind negativ besetzt und lösen destruktive Einflüsse aus. »Ich habe eine Niederlage *erlitten*« bedeutet, daß wir das *Leiden* akzeptieren, statt auf eine Niederlage ohne Zögern konstruktiv zu reagieren. Mit der Entscheidung: »Gut, daß ich jetzt weiß, was ich nächstes Mal besser machen muß.«

Die Entscheidung, unser Leben nach eigenen Vorstellungen aus eigener Kraft zu gestalten, ist natürlich in der Sicht der Mitwelt Egoismus. Wenn andere sich daran gewöhnt haben, daß wir für sie da sind und widerspruchslos für sie Opfer bringen, wehren sie sich verständlicherweise dagegen, daß wir fortan zuerst an uns selbst und dann erst an sie und *ihr* Wohl denken wollen. Wenn sie uns als Egoisten beschimpfen, wollen sie Schuldgefühle auslösen. Wenn sie sagen: »Du hast mich bitter enttäuscht. Ich habe so sehr auf dich gezählt, aber du läßt mich im Stich«, denken sie damit keinen Augenblick an uns. Sie denken an sich und ihren Vorteil, zu dem wir durch unsere Gefälligkeit beitragen sollen. Ist es nicht so?

Jedes Mal, wenn wir in diesem manipulativen Spiel nachgeben, kostet es uns ein Stück unseres Selbstbewußtseins. Andere trainieren uns damit zur Selbstverleugnung. Wir fühlen uns nachher wieder ein wenig hilfloser anderen ausgeliefert. Deshalb ist die Entscheidung so notwendig. »Mein eigenes Glück ist mir wichtiger als das Glück der anderen.« Wenn Sie trotzdem jemandem einen Gefallen erweisen, tun Sie es nicht mehr mit Schuldgefühlen, sondern aus eigener, bewußter Entscheidung.

60. Schritt
Es gibt immer zwei Möglichkeiten, einen Sieg zu erringen: Sie besiegen den Gegner, oder Sie besiegen sich selbst

Auch wenn andere nicht müde werden, uns den ewigen Frieden, die Rücksichtnahme auf andere und die selbstlose Nächstenliebe zu predigen, besteht kein Zweifel darüber, daß wir in einer Welt des leistungsorientierten Wettbewerbs leben. Jeder ist sich selbst der Nächste, jeder möchte Sieger sein.

Aber wo es Sieger, Verkäufer und Autoritäten gibt, gibt es auch frustrierte Verlierer, verführte Käufer und unterdrückte Untergebene. Das ist das Gesetz des Wettbewerbs, in dem die einen besser, stärker und reicher sein möchten als die anderen. Wissen Sie, was das bedeutet? Es bedeutet, daß die Sieger, Verkäufer und Autoritäten ihr Leben und ihr Glück von den *anderen* ganz und gar abhängig machen.

Wer den Sieg über andere braucht, kann deshalb weder frei noch wirklich glücklich sein. Er ist in einen Kreislauf verstrickt, nach Regeln, die nicht er selbst bestimmt, sondern der Zwang, sich immer wieder aufs neue vor der Mitwelt bestätigen zu müssen. Sie werden zugeben: So gesehen, ist jeder Sieger im Grunde genommen der eigentliche Verlierer.

Das Streben nach immer mehr, besser und schneller macht jede Freude am Glück des Augenblicks zunichte. Denn jeder Sieg ist mit zwei Ängsten verbunden:

- Der Angst, beim nächsten Schritt nach oben in der Konfrontation mit einem stärkeren Gegner besiegt zu werden.
- Der Angst, von einem Verfolger besiegt zu werden, der unsere Niederlage braucht, um seine eigene Tüchtigkeit zu beweisen.

Um Siege dieser Art wird auf allen Kriegsschauplätzen des Lebens gefochten. Im Kampf der Konzerne um Marktführung und Absatz, in dem Mitarbeiter auf der Strecke bleiben, die ihre Leistungsfähigkeit nicht mehr steigern können. In der Schlacht in Betrieben und Verwaltungen um Posten, die Chefs gegen ehrgeizige Untergebene verteidigen. Im ewigen Kampf der Generationen und Geschlechter gilt das gleiche Prinzip: Die Jungen wollen die Alten verdrängen, um sich zu beweisen. Und wie verbissen Männer ihre Autorität als das starke Geschlecht verteidigen, erleben Frauen alle Tage.

Der Zwang zu siegen, indem wir jeden Sieg verteidigen und immer neue Gegner bezwingen müssen, läßt uns keine Chance für persönliche Freiheit und persönliches Glück. Es sei denn, wir ändern unsere Einstellung zum Siegen und lernen, den Zwang zum Siegen zu besiegen. Die Strategie dafür kennen Sie. Sie lautet: Verzicht.

Verzichten heißt, das Bedürfnis zu besiegen, so sein zu wollen, wie andere es von uns erwarten, und vielmehr nach den Maßstäben zu leben, die wir selbst bestimmen. Dieser Sieg über uns selbst beginnt mit der Entscheidung: »Ich lasse alles zu, was mich frei und glücklich macht, und lasse alles los, was meinem Glück im Wege steht.« Wer danach lebt, hat sich selbst besiegt.

61. Schritt
Wenn Sie ein Leben lang glücklich gelebt haben, schaffen Sie die besten Voraussetzungen dafür, auch glücklich zu sterben

Wie Sie aus allem bisher Gesagten erkennen können, ist das persönliche Glück nicht ein einzelnes Erlebnis in unserem Leben. Es betrifft die Vernetzung aller Komponenten, die unsere Persönlichkeit auf verschiedenen Ebenen bestimmen:

- die Ebene von Geist, Körper, Gefühl, Intuition und Kreativität,
- die Ebene der Erziehung durch äußere Einflüsse und jene der Selbsterziehung,
- und da ist auch die Ebene von Ursache und Wirkung, deren Vernetzung wir erkennen sollten, um unsere Persönlichkeit verändern zu können.

Alle diese Ebenen stehen miteinander in Zusammenhang. Das große Abenteuer der Selbstfindung und Selbstbefreiung besteht – so scheint es – darin, diese Zusammenhänge immer besser zu verstehen und in Einklang zu bringen.

Dazu gehört es zu erkennen, was chinesische Philosophen schon vor 2000 Jahren wußten: »Die Disharmonie des Körpers beginnt bei der Disharmonie des Geistes.« Dazu gehört es auch, zuerst die Ursachen unserer Probleme aufzuspüren, ehe wir darangehen können, sie an der Wurzel zu lösen.

Was uns am meisten daran hindert, ist die Ausgrenzung und Verdrängung vieler Erscheinungen unseres Lebens, über die »man nicht spricht«. Zu den am meisten verdrängten Erscheinungen gehört die Realität des eigenen Todes als Bestandteil unseres Lebens.

Wir spekulieren auf ein mögliches Weiterleben nach dem Tod, weil wir nicht wahrhaben wollen, daß eines Tages unser Leben endgültig zu Ende ist. Todkranke werden jahrelang zum Leiden verurteilt, weil die Gesellschaft dem einzelnen das Recht abspricht, seinen Tod selbst zu bestimmen.

Aber die Entscheidung, sein Leben und sein Glück selbst nach eigenen Vorstellungen zu gestalten, beinhaltet auch die Verantwortung für die Gestaltung des Sterbens. Sind Sie darauf vorbereitet, oder verdrängen Sie die Möglichkeit, daß schon morgen auf der Autobahn Ihr Leben zu Ende gehen könnte?

Letzten Endes ist jeder Tag unseres Lebens nur ein Glied in der Kette der Tage bis zu unserem Tod. Wenn wir an jedem Tag glücklich gelebt haben, als wäre es unser letzter, ist es die beste Voraussetzung dafür, auch glücklich zu sterben. Oder nicht?

Es gibt kein Rezept dafür, sich auf das Sterben vorzubereiten, außer vielleicht dieses eine: »Ich lebe an jedem Tag mein Leben so erfüllt und glücklich, daß ich nichts versäumt habe, wenn ich morgen sterben muß.«

Die Angst vor dem Tod hat vermutlich ihre Ursache nur darin, daß wir noch nicht richtig gelebt haben könnten, wenn der Augenblick des Sterbens gekommen ist.

62. Schritt
Vermeiden Sie keinen Streit, wenn es Sie von einer Last befreit

Der Streit gehört zu den vielen Tabus des Wohlverhaltens. Wem seine Erzieher lange genug beigebracht haben, zu allen Menschen nett zu sein, niemals anzuecken und auf andere immer mehr Rücksicht zu nehmen als auf sich selbst, der geht einem Streit tunlichst aus dem Weg. Er frißt Ärger und Frustration in sich hinein, statt sie loszulassen.

Die Folge dieser Einstellung ist Selbstverleugnung mit allen ihren Auswirkungen:

- Er sagt nicht, was gesagt werden sollte, um anderen gegenüber seinen Standpunkt klarzumachen. Aus Angst, er könnte einen Streit provozieren.
- Er ist ein leichtes Opfer von Leuten, die durch autoritäres Verhalten erkennen lassen, daß sie keinen Widerspruch dulden.
- Seine spontanen Gefühle verkümmern, weil er immer nur die »guten« äußert und die »schlechten« unterdrückt. Und wozu diese ständige Verdrängung führt, wissen wir ja.

Machen Sie den Streit bewußt zu einer Strategie der Selbstbehauptung:

1. Um sich vor den Folgen verdrängter Emotionen zu bewahren.
2. Als selbstbewußtes Bekenntnis zu Ihren Gefühlen. Nicht nur zu den »guten«, auch zu den »schlechten«, die ebenso ein Teil Ihrer Persönlichkeit sind.
3. Um der Mitwelt zu signalisieren: »Ich bin ich und erwarte, daß man mich so respektiert, wie ich bin.« Ein Signal an alle, die

versuchen, uns zu unserem Nachteil für ihre Zwecke zu manipulieren.

Der Streit ist eine Form des alltäglichen manipulativen Spiels und ein spontaner Befreiungsakt von Frustration. Wenn jemand unseren Zorn erweckt, haben wir immer zwei Möglichkeiten:

- Wir unterdrücken das Bedürfnis, uns davon sofort zu befreien. Aus Angst, es könnte unserem Image schaden, ein guter, freundlicher Mensch zu sein, der niemand anderem ein Leid zufügt.
- Oder wir lassen unserer Emotion freien Lauf und fühlen uns nachher besser, auch wenn jemand anderer vielleicht deshalb auf uns böse ist.

Aber es ist noch immer besser, jemand anderer ist für einige Zeit auf uns böse, als daß der Ärger darüber tagelang an unseren Nerven nagt, daß wir wieder einmal unseren Unmut unterdrückt haben, statt uns Luft zu machen.

Und was die bewußte Strategie des Streitens betrifft: Wenn Sie Ihre Frustration frei herausgelassen haben, fällt es Ihnen ungleich leichter, sich bei einem beleidigten Partner zu entschuldigen, als wenn Sie ihn zum Sündenbock für Ihren Ärger machen, ohne es ihm zu sagen.

Streit ist eine Form der Kommunikation, der Sie nicht aus dem Wege gehen sollten, wenn es keine andere Form der Verständigung mit einem uneinsichtigen Partner gibt. Mit ihm können Sie sich schnell wieder versöhnen. Ihr Unterbewußtsein aber, dem Sie die Belastung der Verdrängung zumuten, vergißt es Ihnen nie.

63. Schritt
Wichtig ist nicht, ob Sie recht haben,
sondern was recht ist

Wenn Sie den Streit bewußt als manipulative Strategie einsetzen, ist es nicht von Bedeutung, ob Sie »recht« haben oder nicht. Bewußter Streit ist eine Möglichkeit der Selbstbehauptung. Jemand hat Sie – zu recht oder unrecht – in Ihren Gefühlen verletzt, und Sie signalisieren ihm, daß Sie nicht bereit sind, es hinzunehmen.

Das ist die emotionale Seite einer Auseinandersetzung, in der es nicht um eine gemeinsame Sache geht, sondern um Ihre Person und Ihr seelisches Wohlbefinden. Es geht, um es noch einmal zu betonen, um Gefühle und nicht um die sachliche Lösung eines gemeinsamen Problems, bei der Sie verschiedener Ansicht sind. Viele Meinungsverschiedenheiten bleiben sehr oft nur deshalb ungelöst, weil verletzte Gefühle im Spiel sind. Zum Beispiel: Gestern hat Ihr Gesprächspartner Sie beleidigt, und Sie haben Ihre Verletzung hinuntergeschluckt. Heute sollen Sie mit ihm gemeinsam die Lösung für ein Problem finden, das mit diesen Emotionen überhaupt nichts zu tun hat. Ist da die Wahrscheinlichkeit nicht groß, daß Ihre Frustration von gestern heute einer vernünftigen Auseinandersetzung im Wege steht?

Um eine erfolgversprechende Gesprächsbasis herzustellen, ist es also notwendig, *zuerst* das emotionale Problem zwischen sich und dem anderen zu lösen, ehe Sie zur Sache selbst kommen. Etwa, indem Sie ihm ganz offen sagen: »Hör zu, ich nehme dir noch immer übel, was du gestern gesagt hast. Du hast meine Gefühle verletzt. Laß uns *das* erst einmal klären, ehe wir über das Problem reden, um das es heute geht.«

Erinnern Sie sich noch an die Definition der Partnerschaft? Ihr Sinn besteht darin, gemeinsam mehr zu erreichen, als einer allein erreichen könnte. Dieses Ziel können Sie nur erreichen, wenn beide Partner ihr Wissen und ihre Fähigkeiten einbringen und einander respektieren können. Wenn verdrängte Emotionen im Spiele sind, sind vernünftige gemeinsame Lösungen nur selten für beide befriedigend. Deshalb sollten Sie bedenken: Zuerst ist es erforderlich, die emotionale Harmonie herzustellen, ehe Sie emotionsfrei über die bestmögliche sachliche Lösung verhandeln können. Nach dem Prinzip: »Wichtig ist nicht, wer recht hat, sondern was recht ist.«

Alles das gilt für jede Art von Partnerschaft. Wenn ein autoritärer Chef seinen Untergebenen beleidigt, um sich durch diese Erniedrigung selbst zu erhöhen, untergräbt es nicht nur seine eigene Autorität, es stört auch die Leistungsfreude des Untergebenen. Dieser geht frustriert an seinen Arbeitsplatz zurück, und der unterdrückte Zorn stört seine Konzentration. Vorausgesetzt, er hat seinem Unmut nicht Luft verschafft und dadurch sein gestörtes Selbstwertgefühl wieder hergestellt.

Wie Sie sehen, kann es von großem Nutzen für unser seelisches Gleichgewicht sein, wenn wir im Alltag immer wieder ganz bewußt trainieren, frustrierte Emotionen loszulassen, um unseren Kopf für vernünftige Lösungen freizumachen.

64. Schritt
Wer einsam ist, hat nur versäumt, sich selbst zu seinem besten Freund zu machen

Wer sich nie dazu entschließen kann, sein Leben selbstverantwortlich aus eigener Kraft nach eigenen Vorstellungen zu gestalten, ist immer in Gefahr, anderen die Schuld für seine eigenen Versäumnisse in die Schuhe zu schieben. Manche sagen: »Ich habe noch nie Glück gehabt.« Oder: »Niemand versteht mich«, »Keiner liebt mich.« Oder: »Ich bin so einsam, kein Mensch kümmert sich um mich.«
Nichts als Ausreden, die Sie als Ihr eigener Trainer des Glücklichseins nicht zulassen sollten. Denn:

- Glück hat man nur dann nicht, wenn man nicht bereit ist, etwas dafür zu tun.
- Wenn niemand Sie versteht, liegt es wahrscheinlich daran, daß Sie selbst sich nicht verstehen.
- Wenn keiner Sie liebt, haben Sie die Frage noch nicht geklärt, ob Sie sich eigentlich selbst genug lieben.
- Und wenn Sie einsam sind und keine Freunde haben, warum machen Sie dann nicht ohne Zögern den ersten Schritt auf den besten Freund zu, der 24 Stunden für Sie da ist und mit dem Sie jederzeit alle Ihre Probleme klären können? Warum machen Sie sich nicht selbst zu Ihrem besten Freund?

Alle unsere Probleme, um es wieder einmal zu unterstreichen, beginnen bei uns selbst. Und die Lösung aller unserer Probleme beginnt mit der Entscheidung: »Ich selbst übernehme die Verantwortung für mein Glück. Statt vom Zufall, den Sternen oder anderen Leuten etwas zu erwarten, was ich selbst nicht bereit bin, für mich zu tun.«

Was ist Einsamkeit? Gibt es sie überhaupt, oder ist sie nur ein Ausdruck der Unfähigkeit, mit sich zu zweit zu sein? Dabei lebt in jedem von uns ein zweites Ich. Es liegt an uns, es zu entdecken, es anzunehmen und mit ihm zu kommunizieren. Vielleicht ist diese Entdeckung überhaupt das größte Abenteuer, dem wir uns für den Rest unseres Lebens stellen sollten.

Es kann damit beginnen, daß Sie sich an jedem Tag eine Viertelstunde lang in eine stille Ecke setzen und in sich hineinhorchen, um dieses andere Ich zu entdecken, das Ihnen bisher verborgen oder fremd geblieben ist.

Wenn Sie jetzt sagen: »Was soll ich denn an mir noch entdecken, ich kenne mich ja«, werden Sie dieses Abenteuer niemals erleben. Denn kein Abenteuer ist ein Abenteuer, wenn Sie von vorneherein behaupten, Sie wüßten schon alles, was Sie erwarten könnte. Die Weigerung, sich auf die Suche nach Ihrem anderen Ich zu machen, ist vielleicht nichts anderes als die Angst davor, eine Seite Ihres Ich zu entdecken, der Sie sich nicht stellen wollen. Mit der Sie sich beharrlich weigern, in Kontakt zu kommen, um sich damit auseinanderzusetzen. Es anzunehmen und Freundschaft mit ihm zu schließen. Auf es zuzugehen und zu beschließen: »Ich schließe dieses andere, verdrängte Ich nicht mehr aus meinem Leben aus, sondern lebe mit ihm zusammen.« Das wäre das Ende der Einsamkeit. Meinen Sie nicht auch?

65. Schritt
Wenn Sie das ganze Leben als Spiel betrachten, bleibt Ihnen immer noch eine zweite Chance

Nichts in unsrem Leben ist endgültig, es sei denn, wir geben uns der verhängnisvollen Hoffnung hin, wir könnten das, was uns heute Gutes widerfährt, für alle Zeiten festhalten.

Jeder Tag, jeder Augenblick ist anders, unser ganzes Leben ist ständige Veränderung. Dies ist das Gesetz des Universums, an dem wir nichts ändern können. Sehen Sie sich doch um: Nach dem Tag wird es Nacht, auf Ebbe folgt Flut, Frühling und Sommer, Jugend und Alter. Ob es uns paßt oder nicht, das Leben ändert sich von Augenblick zu Augenblick. Wir können entscheiden, ob wir uns dagegenstemmen oder mit der Veränderung in Einklang leben.

Ist das alles nicht einleuchtend? Trotzdem bauen wir ein ganzes Leben lang an der Festung, in die wir uns verschanzen können. Aus Angst vor dem, was uns widerfahren könnte. Wir geben uns der Illusion hin, eine Krankenversicherung könnte uns vor Krankheit, Gesetze vor Verbrechern oder ein Airbag im Auto vor dem Unfalltod schützen.

Dabei könnten wir längst wissen, daß im Leben nichts sicher ist. Jeder Tag stellt uns vor neue Probleme und verlangt nach neuen Lösungen. Die Wahrheit von heute wird morgen schon wieder angezweifelt. Das Leben ist ein Spiel. Und das Prinzip des Spielens beruht auf dem Bewußtsein, nach jedem Sieg verlieren und nach jeder Niederlage gewinnen zu können.

Wenn Sie sich an das Glück des Augenblicks klammern, aus Angst, Sie könnten nie wieder so glücklich sein, glauben Sie nicht an Ihre Fähigkeit, das Glück an jedem einzelnen Tag neu erringen zu können. Deshalb besteht das Training des Glücklichseins darin, diese Fähigkeit immer besser auszubilden.

»*Sein* Leben zu leben« heißt, an jedem Tag ein neues Spiel zu beginnen und seine Chancen zu wahren. Im Grunde genommen haben wir immer *zwei* Chancen:

Erste Chance: Wir sind in unserer inneren Einstellung und mit unseren äußeren Fähigkeiten so gut auf das Spiel dieses Tages vorbereitet, daß es so gelingt, wie wir es uns vorgestellt haben.

Zweite Chance: Wenn wir nicht genug vorbereitet waren und eine Niederlage erleiden, besteht die zweite Chance darin, daraus zu lernen.

Dieses Zwei-Chancen-Prinzip gilt für Tennis-Stars genauso wie für Hausfrauen, Börsenspekulanten und natürlich auch für alle, die aus eigener Kraft nach eigenen Vorstellungen glücklich sein wollen. Es *ist* das Spiel des Lebens, das Sie an jedem neuen Tag mit neuen Risiken konfrontiert – und mit einer neuen Chance.

Wenn Sie sich heute auf den Lorbeeren des Glücks von gestern ausruhen, hindert es Sie daran, die Chance von heute zu erkennen. Und wissen Sie, was das bedeutet? Es bedeutet, daß Sie heute versuchen, den gestrigen Tag noch einmal zu leben. Sie klammern sich an etwas, das unwiderbringlich ist und bringen sich selbst um die Möglichkeit, heute so glücklich zu sein, wie es dem heutigen Tag entspricht.

66. Schritt
Wenn Sie sich auf den Weg zu Ihrem Gott machen, müssen Sie ihn nicht unbedingt in der Kirche suchen

Wenn Sie sich auf die Suche nach einem Glauben machen, stehen Ihnen zwei Wege offen:

- Sie suchen den Glauben in sich selbst, entdecken und trainieren ihn und stärken die Fähigkeit, immer öfter über Ängste und Zweifel zu siegen.
- Oder Sie glauben an andere, die Ihnen den inneren Halt versprechen, nach dem Sie suchen. Vorausgesetzt, Sie ordnen sich dem Training unter, das sie Ihnen verordnen.

Um es anders auszudrücken: Entweder Sie suchen Gott auf Ihre eigene Weise in sich selbst, oder Sie geben sich in die Hände fremder Führer und vertrauen darauf, daß sie Sie zu dem Gott geleiten, den sie propagieren.
Drei Dinge sind dabei offensichtlich:

- Jeder Führer, dem Sie sich anvertrauen, verlangt seinen Preis. Er besteht vorwiegend in Selbstaufgabe und Opferbereitschaft.
- Kein Führer ist daran interessiert, daß Sie aus eigener Kraft das Ziel erreichen, sonst würde er seine Funktion verlieren.
- Führer machen sich unentbehrlich, weil nur sie wissen, wo Gott wohnt. Diese Abhängigkeit ist der Preis, den zu zahlen Sie bereit sein müssen.

Die Gesellschaft, in der wir leben, ist voll von Menschen, die nach Halt suchen, und von Führern, die uns ihren Gott anbieten. Alle versuchen uns einzureden, *ihr* Gott sei der einzig wahre. Das gilt für den Gott im Himmel genauso wie für die Götter Fortschritt und Wohlstand oder die Halbgötter im weißen Kittel.

Vermutlich verwirren Sie blasphemische Überlegungen wie diese ein wenig. Aber warum, meinen Sie, gibt es immer mehr Menschen, die aus ihren Kirchen austreten und sich auf die Suche nach neuen Führern machen. Vielleicht auch nach neuen Göttern? Wer sich auf diese Suche begibt, sollte die Alternative in Erwägung ziehen, es mit dem Weg nach innen zu versuchen. Vielleicht ist es dabei notwendig, den Begriff Gott neu zu definieren. Genauso, wie die Begriffe Freiheit, Liebe, Fortschritt oder Gerechtigkeit.

Alles das sind Illusionen, Hoffnungen und Versprechungen, die andere für uns erfunden haben und uns unermüdlich als Köder anbieten. Um uns dorthin zu locken, wo sie uns haben möchten.

- Entscheide dich für uns, wir machen dir das beste Angebot.
- Glaube an uns, nur wir zeigen dir den richtigen Weg.
- Vertraue uns, Millionen andere tun es auch.
- Tritt uns bei. Je mehr wir sind, um so besser können wir deine Interessen vertreten.
- Verlaß dich auf uns, wir lösen alle deine Probleme.

Wie immer Sie sich in der unüberschaubaren Vielfalt der Angebote auch entscheiden, vergessen Sie nicht, daß die Lösung aller Ihrer Probleme in Ihnen selbst schlummert und darauf wartet, von Ihnen entdeckt zu werden. Aller Wahrscheinlichkeit nach finden Sie dort auch den Halt, den Sie sich von dem Gott erwarten, zu dem andere Sie führen möchten.

67. Schritt
Der größte Fortschritt in dieser Zeit ist der Schritt
zurück zu sich selbst

Freiheit und persönliches Glück oder Abhängigkeit von Zufall, Schicksal und fremden Glücklichmachern, das sind die zwei Möglichkeiten, zwischen denen wir jederzeit wählen können. Vorausgesetzt natürlich, wir machen Gebrauch von dieser Möglichkeit der freien Entscheidung.

Das eine ist der Weg, den uns andere weisen. Das andere ist das Abenteuer, eigene Wege zu finden. In der Kindheit haben wir nicht die geringste Chance, uns den eingefahrenen Pfaden zu entziehen, die unsere Erzieher uns weisen. Wir lernen die Ein- und Unterordnung und sind den erzieherischen Zwängen ausgesetzt, wenn wir den rechten Weg verlassen möchten.

Der rechte Weg ist der, den unsere Erzieher für richtig halten. Sie trainieren uns zu braven, fleißigen, gutgläubigen Bürgern oder geben uns den Freiraum, in dem sich eine eigene Persönlichkeit entwickeln kann.

Irgendwann im späteren Leben erreichen wir den »Punkt der Zweifel« und glauben unseren Erziehern und Trainern nicht mehr alles, was sie uns lehren. Die Kluft zwischen Worten und Taten wird uns bewußt. Wir ertappen die Erzieher immer öfter dabei, daß sie lügen, während sie uns nicht selten schmerzhaft zur Ehrlichkeit erziehen. Am »Punkt der Zweifel« beginnt die Auseinandersetzung mit uns selbst:

- Zweifeln wir an unseren Erziehern oder an uns?
- Handeln wir wider besseres Wissen, um den Widerständen auszuweichen, die uns eigenmächtiges Handeln bereiten würde. Oder stellen wir uns?
- Drängeln wir uns scheinbar gefahrlos auf dem goldenen Mit-

telweg der gelenkten Masse, oder suchen wir individuelle Lösungen für unser Leben?

Wer sich in der Masse bewegt und dabei glücklich ist, reiht sich ohne Zögern in die Schlange der Millionen Urlauber ein, die Jahr für Jahr auf den Autobahnen südwärts fahren, obwohl sie im Radio hören, wo sie der nächste Stau erwartet. Ihr Glaube an technischen Fortschritt und Mobilität und an die Freiheit am überfüllten Ferienstrand ist so ungebrochen, daß sie sich nach der Heimkehr schon wieder auf die nächste Reise freuen. Vielleicht denken sie auch daran, den begehrten Weg von Stau zu Stau in einem neuen, noch komfortableren Auto anzutreten, um zu zeigen, wie fortschrittlich sie sind.

Haben Sie schon einmal überlegt, daß dieses Wort »Fortschritt« auch bedeuten könnte »einen Schritt *fort* von sich selbst«? Und je schneller, billiger und verlockender die Möglichkeiten dazu werden, um so rascher und weiter entfernen wir uns von uns?

Solche Überlegungen könnten Sie anstellen, wenn Sie an einem »Punkt der Zweifel« – vielleicht irgendwo im Stau auf dem Weg nach irgendwo – das Bedürfnis befällt, nach einem anderen Weg zum Glück zu suchen, als den im Gedränge der Masse.

68. Schritt
Die Moral ist der altbewährte Versuch, alle Menschen gleichzuschalten

»In welchem Maße hindert mich die Moral daran, glücklich zu sein?« Haben Sie sich diese Frage schon einmal gestellt? Was ist das überhaupt – »Moral«? Alle reden davon. Sie dient als Maßstab unseres Handelns. Aber was ist moralisch und was ist unmoralisch. Wer bestimmt darüber, und wo sind die Grenzen? Ist nicht in uns selbst das Gefühl dafür verankert, was wir tun dürfen und was nicht. Können wir es selbst erkennen, oder brauchen wir eine ständige Kontrolle durch die Gesellschaft, in der wir leben? Wenn wir diese Kontrolle brauchen, wer sind die Kontrolleure, und wer kontrolliert die Kontrolleure?

Vielleicht interessieren Sie solche Fragen gar nicht. Es sei denn, Sie leiden darunter, weil Ihre engen moralischen Maßstäbe Sie täglich in Konflikte stürzen. In Konflikte wie: »Ich möchte ein Bedürfnis befriedigen, aber ich muß es unterdrücken, weil es unmoralisch wäre.«

Das klassische Beispiel ist die Einstellung zur Selbstbefriedigung. Es ist noch gar nicht so lange her, als die Onanie von der Kirche als unmoralisch und sündhaft abgestempelt wurde. Mediziner behaupteten, Selbstbefriedigung würde psychische Störungen und Krankheiten verursachen. Beichtväter bestraften die Sünder, und Ärzte gaben wohlmeinende Ratschläge wie: Kalte Duschen seien dazu angetan, unmoralische Triebe zu unterdrücken.

Ist das alles längst bewältigt, oder haben Sie auch heute noch – in der Zeit institutionalisierter Sexualaufklärung – Hemmungen, einzugestehen, daß Sie sich selbst befriedigen? Obwohl längst erwiesen ist, daß Störungen – etwa Depressionen und ihre körperlichen Folgen – nicht durch Onanie, sondern durch die Unterdrückung des Bedürfnisses danach krank machen? Krank und unglücklich.

So gesehen, ist Moral keine Frage theoretischer Interpretationen von Philosophen oder Moraltheologen, sondern etwas, das Ihr tägliches, ganz persönliches Wohlbefinden betrifft.

Es hängt also allein von Ihnen und Ihrer eigenen Entscheidung ab, ob Sie sich unmoralisch und schuldbewußt fühlen, wenn Sie Ihr sexuelles Bedürfnis durch Onanie befriedigen, oder ob Sie es mit der Einstellung tun, ein ganz natürliches Bedürfnis auf natürliche Weise zu befriedigen. Ohne alle moralische Bedenken.

Wenn Sie entschlossen sind, die Verantwortung für Ihr Leben und Ihr Glück selbst zu übernehmen, wird manches, was Sie richtig finden, bei anderen auf Widerstand stoßen. Wenn Sie nicht mehr das tun, was andere von Ihnen fordern, beginnt das manipulative Spiel, in dem es sich entscheidet: Geben Sie nach oder behaupten Sie sich?

Zu den Argumenten in diesem Spiel gehören Schuldzuweisungen wie »Du bist ein Egoist«, »Du bist stur«, »Du hast kein Verständnis« oder »Du hast keine Moral«. Wenn Sie selbst wissen, was für Sie richtig ist, können Sie solchen Angriffen besser begegnen.

69. Schritt
Wenn Sie sexuelle Befriedigung suchen, sollten Sie nichts anderes erwarten

Sexuelle Befriedigung, was ist das eigentlich? Und was hat sie mit Liebe zu tun? Bücher werden darüber geschrieben, der Papst nimmt dazu Stellung, kein Film und keine Fernsehserie kommt ohne diese beiden Komponenten aus – welchen Einfluß haben sie auf Glück und Unglück in Ihrem Leben?

Wenn Sie entschlossen sind, das Glück Ihres Lebens aus eigener Kraft nach eigenen Vorstellungen zu erlangen, führt kein Weg darum herum, sich mit dieser Frage zu beschäftigen. Erwarten Sie nicht, daß irgend jemand anderer Ihnen darauf eine allgemeingültige Antwort gibt. Nur Sie selbst können eine Lösung finden oder wenigstens einen Kompromiß, der Sie glücklich macht.

Zwei Anregungen können Ihnen dabei behilflich sein:

Erstens: Überdenken Sie die Formel

Bedürfnis + Befriedigung = Glück.

Zweitens: Bringen Sie Ihre Erwartungen mit der Realität in Einklang.

Und hier sind die fünf häufigsten Hindernisse, die der sexuellen Befriedigung im Wege stehen:

1. Sie benutzen Sex als Vorwand für etwas ganz anderes. Als Frau vielleicht dazu, um einen Mann an sich zu binden, aus Gefälligkeit oder um ihn durch Verweigerung zu erpressen. Als Mann, um sich zu bestätigen.
2. Sie messen Sex nicht an Ihren eigenen Möglichkeiten, sondern an den Informationen, die Sie – woher auch immer – darüber haben, wie »richtiger« Sex stattfinden soll.
3. Die Tabus und Ängste, die Ihnen über die Sexualität anerzogen wurden. Vielleicht, weil Eltern unentwegt ihre Tochter davor

warnen: »Nimm dich in acht. Männer wollen doch immer nur dasselbe.« Oder: »Du darfst alles, nur nicht schwanger werden.«

4. Sie ketten Sex an Bedingungen, die damit gar nichts zu tun haben. Etwa, wenn sie darauf bestehen: »Ich schlafe nicht mit dir, weil du mich nicht liebst.«

5. Sie reden mit Ihrem Partner nie darüber, was Sex für Sie tatsächlich bedeutet, und spielen ihm eine Rolle vor, weil er sonst enttäuscht sein könnte.

Wie Sie daraus leicht erkennen können, beginnt die Auseinandersetzung mit Ihren sexuellen Bedürfnissen und Ihrer Befriedigung mit der Frage: »Was bedeutet Sex für mich wirklich, und warum mache ich mir selbst und dem Partner etwas vor?« Wenn Sie sich darauf keine ehrliche Antwort geben, dürfen Sie auch nicht erwarten, daß sexuelle Befriedigung zu einem Bestandteil Ihres Lebensglücks wird.

Und noch etwas sollen Sie wissen. Wenn sich Ihr sexuelles Bedürfnis bemerkbar macht, haben Sie immer drei Möglichkeiten, damit umzugehen: Sie befriedigen es, sie suchen nach Ersatzbefriedigung oder Sie verdrängen es:

- Wenn Sie es befriedigen, sollten Sie wissen *wie*.
- Wenn Sie es ersetzen, werden Sie nicht befriedigt sein, weil es dafür keinen Ersatz gibt.
- Wozu Verdrängung führt, wissen Sie ja.

70. Schritt
Was Sie nicht sagen können, sollten Sie schreiben

Wenn Sie Ihr Leben überdenken, werden Sie immer wieder auf die beiden Gegenpole stoßen: ausleben oder verdrängen, loslassen oder klammern, befreien oder unterordnen. Anders gesagt: Lebe ich so, wie ich leben möchte, oder ordne ich mich den Tabus und Zwängen unter, die mir anerzogen werden?

Ist es nicht erstaunlich: Alle wollen gesund sein, aber sie tun viel mehr gegen Krankheiten, als sie für das Gesundbleiben tun könnten. Alle wollen glücklich und frei sein, aber die meisten Menschen unternehmen viel mehr zur Selbstverleugnung als für ihre Selbstbefreiung. Sie unterdrücken Gefühle, verdrängen das Bedürfnis, ihren Zorn, Trauer oder Freude spontan zu äußern. Gar nicht davon zu reden, wieviel sie verschweigen, was sie unbedingt sagen sollten, um es loszuwerden.

Und warum? Weil man es nicht tut. Weil es sich nicht schickt. Weil Männer hart und überlegt zu sein haben und Frauen sich davor fürchten, daß ihre Gefühle ausgenutzt werden. Aber jeder Gedanke, der uns bewußt wird, und jedes Gefühl, das wir empfinden, verlangt nach Äußerung.

Wenn Sie entschlossen sind, Ihr Leben nach eigenen Vorstellungen zu leben, müssen Sie Ihren Vorstellungen und Bedürfnissen eine Chance geben, Realität zu werden. Es ist besser, Sie machen Fehler und leiden unter Krisen, als Sie verdrängen, was Sie bewegt. Denn jede Verdrängung ist ein Schritt der Selbstverleugnung. Selbstbewußtsein aber können Sie nur trainieren, indem Sie sich bewußt der dynamischen Kräfte Ihrer Gedanken und Gefühle zur Selbstverwirklichung bedienen.

Zu lachen, wenn Ihnen nach Lachen zumute ist. Sich spontan von Zorn oder Demütigung zu befreien, mag Ihnen den Unmut anderer Leute einbringen. Aber es ist besser, andere Leute fühlen sich gekränkt, als Sie kränken sich selbst.

Natürlich gibt es Situationen im täglichen manipulativen Spiel mit Ihrer Mitwelt, in denen es besser ist, Sie zeigen aus taktischen Gründen Ihre Gefühle nicht. Trotzdem sollten Sie sie nicht verdrängen. Das bewährteste Ventil ist das Schreiben. Künstler, Dichter, Schauspieler oder Sportler benutzen ihren Beruf zur Selbstbefreiung. Sie meißeln ihre Frustrationen in Stein oder projizieren ihre Verdrängungen in Romanfiguren. Und wenn Fußballspieler vor Millionen Fernsehzuschauern über einen Sieg triumphieren, befreien sie sich spontan von einem Gefühl. Sie leben es im Augenblick der Empfindung aus, um sofort wieder frei zu sein für neue Anforderungen.

Wenn Sie kein Fußballstar sind, bleibt Ihnen immer noch der befreiende Weg des Schreibens. Befreien Sie sich durch Aufschreiben. Teilen Sie Ihre Phantasien und Gefühle, die Sie nicht äußern können oder wollen, mit jemandem, von dem Sie das größte Verständnis erwarten dürfen: mit sich selbst. Schreiben Sie alles auf, auch das angeblich Unaussprechbare, um sich davon zu befreien. Statt sich in die Ausrede zu flüchten: »Ich schweige lieber, weil mich ja doch niemand versteht.«

71. Schritt
Alle Ihre Probleme beginnen bei Ihnen. Suchen Sie nach der Ursache, statt nach Vergessen

Alles, was wir denken und tun, unsere Wünsche und Phantasien, Träume, Erfolge und Mißerfolge haben eine Ursache. Irgendwann einmal in unserem Leben wurde ein Samenkorn gesät, das irgendwann später auf irgendeine Weise aufgeht.

Viele Menschen meinen, daß nur jenes Ich existiert, das ihnen bewußt ist. Sie erleben ihre Aggression, sie rauchen oder trinken zu viel oder leiden unter Ängsten und Minderwertigkeit. Das Unbehagen darüber ist ihnen bewußt.

Sie sagen: »Ich will mir das Rauchen abgewöhnen, weil es mir schadet.« Aber sie fragen sich kaum jemals: »Warum rauche ich eigentlich?« Oder: »Warum fühle ich mich minderwertig?«

Einem Problem können Sie auf dreifache Weise begegnen:

1. Sie versuchen, es zu vergessen und zu verdrängen.
2. Sie bekämpfen die Wirkung. Indem Sie sich vielleicht vom Arzt ein Medikament verschreiben lassen.
3. Sie spüren die Ursache des Problems auf, um es an seiner Wurzel durch eine bessere Alternative zu ersetzen.

Wenn Sie unter Minderwertigkeit leiden, können Sie trainieren, wie man dieses Problem verbirgt. Sie weichen Konfrontationen aus, ziehen sich zurück. Flüchten, statt zu lösen. Wenn Sie das Lösen eines Problems trainieren wollen, müssen Sie lernen, an seine Wurzel vorzudringen. Erst wenn Sie die Ursache erkannt haben, können Sie eine bessere Alternative finden und trainieren. Das bedeutet, daß Sie hinter die Fassade des Bewußten vordringen, in jenen unbewußten Teil Ihres Ich, in dem die Problemursache abgelagert ist wie in einem Warendepot.

Therapeuten versuchen es, indem sie Sie befragen und zurückführen in dieses unterbewußte Warenlager. Natürlich ist das auch eine Möglichkeit, bei der Sie sich allerdings von fremder Hilfe abhängig machen. Warum lernen Sie nicht, sich selbst auf den Weg dorthin zu begeben?

Setzen Sie sich an jedem Tag eine Viertelstunde lang in eine stille Ecke. Mit Kugelschreiber und Papier neben sich. Schließen die Augen, entspannen sich, atmen ruhig und steigen in den Phantasiezug ein, der Sie vom Bahnhof »Bewußtes Problem, das mich heute behindert« nach »Die Ursache in meinem Unterbewußtsein« zurückführt. Schalten Sie den Antrieb ein, der Sie immer weiter voranbringt. Er besteht aus den Fragen: »Wann ist was warum passiert? Womit hat alles begonnen?«

Fahren Sie an keiner Station Ihrer Vergangenheit vorbei, auch wenn Sie es möchten, weil hier etwas geschehen sein könnte, woran Sie nicht erinnert werden wollen. Halten Sie an und hören Sie nicht auf zu fragen: »Was ist hier geschehen? Warum habe ich es verdrängt? Wer war damals mit im Spiel?« Und schreiben Sie alles auf.

Werden Sie Dauergast in diesem Zug in Ihre Vergangenheit. Steigen Sie an jedem Tag ein, bis Sie dort angekommen sind, wo das Problem seinen Anfang nahm, das Sie heute lösen wollen.

72. Schritt
Wenn Sie Zärtlichkeit bei anderen suchen, geben Sie sich selbst nicht genug davon

In uns allen ist das unstillbare Bedürfnis nach Nähe, Wärme, Verständnis und Zärtlichkeit. Und gleichzeitig ist in uns die Angst davor, alles das *nicht* zu bekommen. Wenn wir Augenblicke der Befriedigung dieser Bedürfnisse erleben, sind sie mit der Angst verbunden: »Was wird nachher sein?« Vielleicht auch mit dem Mißtrauen: »Ist das, was ich da von jemandem erfahre, auch ehrlich gemeint?«

Tatsächlich sind – wie wir alle wissen – Verständnis, Zuneigung und Zärtlichkeit auch Instrumente des manipulativen Spiels. Um einen Fisch zu fangen, hängt man einen Köder an den Angelhaken, von dem man weiß, daß der andere ganz verrückt danach ist. Für die meisten Menschen ist es selbstverständlich, daß Sie Bedürfnisse wie jenes nach Zärtlichkeit von anderen Menschen erwarten. Genauso wie bei den Bedürfnissen nach Liebe, Gerechtigkeit oder Sicherheit.

Was aber geschieht, wenn wir es nicht auf eine Weise bekommen, wie wir es uns wünschen? Könnte nicht die Möglichkeit bestehen, daß wir es erwarten, aber gar nicht imstande sind, es anzunehmen? Und warum nicht? Vielleicht, weil wir uns selbst nicht geben, was wir von anderen erwarten.

»Erwarte von niemandem etwas, was du nicht bereit bist, selbst zu geben.« Diese edle Binsenweisheit leuchtet uns allen ein, auch wenn wir sie nicht befolgen. Sie gehört zu den unaufhörlichen Aufforderungen wie: »Liebe deinen Nächsten wie dich selbst.« Wie aber kann ich jemanden lieben wie mich selbst, wenn ich mich selbst gar nicht liebe? Wie kann ich die Zärtlichkeit eines anderen erleben, wenn ich mich ständig frage: »Ist es ehrlich gemeint?« oder »Was wird morgen sein?«

Diese Ängste haben nichts mit dem anderen zu tun. Sie sind in mir selbst. *Ich* bin es, der sich davor fürchtet, morgen nach der Zärtlichkeit von heute wieder alleingelassen zu sein. Ich habe Angst davor, mit mir alleingelassen zu werden. Also kann ich das Problem nur bei mir selbst lösen, weil die Ursache meiner Angst bei mir selbst liegt: Ich fürchte mich vor mir selbst. Daran ändert sich auch nichts, wenn ich anderen die Schuld für meine Verlassenheit zuweise.

Wie Sie sehen, sind wir mit diesen Überlegungen wieder einmal beim Ausgangspunkt des selbstverantwortlichen Glücklichseins angelangt. Oder, um es anders auszudrücken: Wenn wir lange genug trainieren, unser Leben zu klären und in Harmonie mit uns selbst zu kommen, ist es nicht mehr erforderlich, diese Harmonie von anderen zu erwarten.

Wenn ich immer besser die Ursachen meines Unbehagens, meiner Ängste und Frustrationen kennenlerne, die meinem Glück im Wege stehen, weil ich es täglich trainiere – um so selbstbewußter werde ich im Umgang mit mir selbst. Vorausgesetzt natürlich, Sie entscheiden sich für dieses Training und hören nie wieder damit auf, bis alles das, was Sie erreichen wollen, ganz von selbst geschieht.

73. Schritt
Ihr Ich ist alles an Ihnen, nicht nur ein Teil davon

Vielleicht ist es Ihnen noch nie so richtig aufgefallen, aber wir leben in einer Zeit der fortschreitenden Zerstückelung des Menschen. Sie haben richtig gelesen: Man zerstückelt uns. In Arbeits- und Freizeitmenschen, in Kranke und Gesunde, Arme und Reiche. Aber man zerstückelt auch Körper und Geist. Denn ein Chirurg, der einer Frau die Brust wegoperiert, fühlt sich nicht im geringsten dafür verantwortlich, ob sie trotz des entfernten Krebsgeschwürs nachher nicht an den seelischen Folgen stirbt.

Ärzte geben heute durchaus zu, daß viele Krankheiten des Körpers im Kopf entstehen, aber sie sagen: »Dafür sind andere Fachleute zuständig.« So werden wir zerstückelt, und die meisten von uns nehmen eifrig an dieser Selbstentfremdung teil, indem sie unermüdlich nach immer neuen Spezialisten suchen. Nach einem, der ihnen ihr Horoskop erklärt, und anderen, die ihr Blut untersuchen. Sie suchen Spezialisten für Zähne, Hals, Nase, Ohren und den urologischen Bereich, für Herz, Haut und Lunge. Und wenn sie es sich leisten können, bezahlen sie auch noch einen Therapeuten. Einen? Nein, unzählige. Es gibt schließlich Gesprächs-, Bewegungs-, Familien-, Sexual-, Logo- und noch viele andere Arten von Seelenbetreuern.

So gibt es für alles an und in uns Spezialisten. Jeder ordnet seine Patienten in das Kästchen seiner Lehre ein und behandelt alle nach diesem Leisten. Die Zerstückelung ist vollzogen. Alle reparieren an uns herum, und wir selbst haben längst keine Ahnung mehr, wie das alles zusammenhängt. Vorausgesetzt natürlich, wir beschließen nicht irgendwann einmal – wenn das Unbehagen darüber stark genug geworden ist –, alle unsere Teile selbst wieder zusammenzuführen.

Es muß einen Sinn haben, daß wir nicht in Einzelstücken geboren wurden, sondern als eine Gesamtheit von Körper, Geist, Gefühl, Instinkt und Phantasie. Alles das ist unser Ich. Alles ist miteinander vernetzt, und diese Ganzheit hat ganz offensichtlich eine Funktion. Und wenn weise Chinesen vor 2000 Jahren erkannten: »Die Disharmonie des Körpers beginnt bei der Disharmonie der Seele«, dann meinten Sie vermutlich, daß wir beides in Harmonie bringen sollten, um gesund und glücklich sein zu können.

Was tun *Sie,* um Ihren Körper mit Ihrem Geist, Ihren Gefühlen, Ihrem Instinkt und Ihrer Phantasie in Einklang zu bringen? Was tun Sie wirklich dafür an jedem Tag? Tun Sie nur ab und zu etwas, wenn Ihnen »Zeit dafür bleibt«, oder lassen Sie etwas tun? Tun Sie etwas für Ihren Körper, ohne etwas für Ihre Gefühle zu tun? Bilden Sie nur Ihren Geist, ohne die eigene Phantasie für sich zu nutzen?

Uns mit uns selbst und *allen* unseren Bestandteilen in Harmonie zu bringen, wissen Sie, was das bedeuten kann? Es kann bedeuten, daß Sie nie wieder krank werden und nie wieder unglücklich sind. Daran sollten Sie denken, ehe Sie wieder einmal versucht sind, ein Stück Ihres Ich einem Spezialisten anzuvertrauen. Oder »keine Zeit« dafür haben, Ihr gesamtes Ich zu erforschen, zu verstehen und in Einklang zu bringen.

74. Schritt
Entziehen Sie sich nichts, ehe Sie nicht eine bessere Alternative gefunden haben

Ausgeglichenheit, in sich selbst ruhen, selbstsicher sein – sind das alles nicht Eigenschaften, die wir besitzen möchten? Sie sind das Gegenteil von dem, wie viele Menschen ihren Tag verbringen: Unstet, voll Unruhe und mit der Unsicherheit, sie könnten etwas versäumen oder falsch gemacht haben.

Das Zauberwort unseres Glücklichseins, so scheint es, heißt Harmonie. Oder noch richtiger, innere Harmonie. Wenn wir in uns ausgeglichen und mit uns selbst in Harmonie sind, dann sind wir besser für die beunruhigenden Einflüsse von außen gerüstet. Was aber können wir tun, um diese innere Ausgeglichenheit herzustellen? Wir können die Faktoren in Einklang bringen, die für unser Glück, unsere Selbstsicherheit und Ausgeglichenheit erforderlich sind. Es sind die Faktoren Körper, Geist, Gefühl, Instinkt und Phantasie. Sie alle sind unser Ich und sind miteinander vernetzt.

Was bedeutet das? Es bedeutet, daß es nicht genügt, unseren Körper oder Geist allein zu ändern, während wir die anderen Faktoren vernachlässigen.

Wenn Sie sich – um nur ein Beispiel anzunehmen – das Rauchen abgewöhnen, bedeutet es viel mehr, als sich zu zwingen, nicht mehr nach der Schachtel mit den Zigaretten zu greifen. Denn jeder Zwang, den Sie auf sich selbst ausüben, wirkt sich auf alle anderen Faktoren aus:

- Sie entziehen damit dem Körper einen stimulierenden Impuls, an den er gewöhnt ist.
- Ihr Geist und Gefühl verlieren einen Halt, an den Sie sich bisher klammern konnten. Sie können sich in Augenblicken

der Unsicherheit nicht mehr an der Zigarette festhalten und durch einen tiefen Lungenzug Ihre Nerven beruhigen.

- Ihrer Phantasie ist die Erwartung entzogen, mit der Sie sich auf die beruhigende Zigarette freuen.
- Und da ist natürlich auch dieser natürliche Instinkt, der Ihnen sagt, daß Rauchen Ihrem Körper schadet. Der Sie aber andererseits dazu veranlaßt, nach einem Mittel zu greifen, das Sie Ihre Unruhe wenigstens für kurze Zeit vergessen läßt.

Wenn Sie Ihrem Ich alle diese Impulse gewaltsam entziehen, an die es vielleicht seit Jahren gewöhnt ist, ist die Harmonie der Gesamtheit gestört. Ihr gesamtes Ich wird dagegen revoltieren.

Das sollten Sie bedenken, wenn Sie an sich und Ihrer Lebensweise etwas verändern wollen. Rauchen, Tabletten, Alkohol, Drogen und vieles andere sind Ersatzbefriedigungen für das Bedürfnis nach Ausgeglichenheit und Sicherheit. Sie sind Ersatz für die innere Harmonie – allerdings nur für kurze Zeit.

Die dauerhafte Alternative dazu besteht darin, Schritt für Schritt der Ursache Ihrer inneren Unruhe nachzuspüren und sie durch das Training Ihrer ganzen Persönlichkeit zu ersetzen, von dem in diesem Buch von Anfang an die Rede ist.

75. Schritt
Ihr Leben ist ein Rollenspiel. Führen Sie selbst auch die Regie?

Wir alle sind Schauspieler auf der Bühne des Lebens. Wir spielen der Mitwelt und auch uns selbst die Rollen vor, die wir gelernt haben. Den guten Vater, die sorgende Mutter, den dynamischen Manager, den fleißigen Mitarbeiter, den trotzigen Teenager und die emanzipierte Frau. Wir spielen unsere Rollen am Arbeitsplatz, in der Gesellschaft und im Bett. Wir spielen sie, um Anerkennung, einen guten Ruf oder Lob zu ernten. Und wenn es schon kein Lob gibt, so doch wenigstens Mitleid oder Trost.

Wer aber sind wir, wenn der Vorhang fällt und wir mit uns alleingelassen sind? Wie decken sich unsere Rollen mit unserem tatsächlichen Ich, und wer führt eigentlich die Regie in unserem Rollenspiel? Das ist eine der Fragen, die über unsere persönliche Freiheit und unser Glück entscheiden.

- Führe *ich* die Regie in einem Stück, das ich selbst ausgewählt habe?
- Oder lasse ich andere die Fäden ziehen und bestimmen, wie ich denke, handle, woran ich glaube und was ich kaufe?

Alles beginnt damit, daß Sie sich vier Dinge bewußtmachen:

1. Wer sind Sie wirklich?
2. Leben Sie so, wie Sie wirklich leben möchten?
3. Wenn nicht, warum leben Sie nicht so, wie Sie leben möchten?
4. Was können Sie selbst tun, um Ihr Leben zu ändern?

So einfach diese Fragen auch klingen, die meisten Menschen gehen ihnen aus dem Weg. Sie sind zufrieden mit dem, was andere für sie übriglassen. Sie sagen: »Ich bin eben so, wie ich bin. Damit muß ich mich abfinden.« Oder Sie reden sich ein: »Ich möchte ja einiges in meinem Leben ändern, aber jetzt ist es wohl schon zu spät.« Sie spielen die Rolle des Selbstmitleids und geben sich damit zufrieden.

Aber ist das wirklich alles, was wir von unserem Leben erwarten? Ein Leben aus zweiter Hand, als Statist am Rande des Geschehens, der damit glücklich ist, zuzuschauen, wie ihm im Fernsehen die Träume vorgegaukelt werden, die er sich selbst niemals erfüllen kann. Kann? Nein, nicht *will*. Denn jeder von uns hat die Möglichkeit, so zu leben, wie er es sich erträumt. Er muß sich nur dafür entscheiden und es täglich trainieren.

Diese Entscheidung ist der Übergang von der Fremderziehung zur Selbsterziehung, vom Statisten zum Regisseur und schließlich zum Autor, der sich seine Rolle im Leben selbst auf den Leib schreibt.

Und alles das fängt damit an, daß Sie sich die Frage stellen: »Was will ich und was wollen die anderen von mir?« Das ist der Anfang des selbständigen Denkens. Stellen Sie sich einfach nur immer wieder diese eine Frage und denken Sie darüber nach. Denken Sie nicht: »Mein eigener Regisseur? Das schaffe ich ja nie. Ich bin doch von so vielen Leuten und Verpflichtungen abhängig.« Der erste Schritt jeder Veränderung lautet: Bewußtmachen. Und *Bewußtmachen* heißt, nie wieder der Frage auszuweichen: Warum tue ich etwas – oder warum tue ich es nicht?

76. Schritt
Mitleid ist nichts weiter als die Entschuldigung, jemandem nicht helfen zu wollen

Zu den Vorstellungen vom guten Menschen, der viele von uns zu sein vorgeben, gehört die Warnung: »Wer kein Mitleid empfindet, ist hartherzig.« Eine Behauptung, die Herzen rührt und Schuldgefühle erweckt. Und nichts macht Menschen so lenkbar, wie die Angst, in den Augen der Mitwelt kein guter Mensch zu sein.

Dabei verhält es sich mit dem Mitleid ähnlich wie mit der Mahnung zur Nächstenliebe. Sie wissen ja: »Liebe deinen Nächsten, wie dich selbst.« »Wie dich selbst …« aber setzt voraus, daß wir zuerst uns selbst lieben, ehe wir jemanden andern lieben können. Eine Aufforderung zum gesunden Egoismus. Welchen Grund hätten Egoisten also, sich schuldig zu fühlen?

Mitleid zu zeigen ist die Ermahnung, mit jemand anderem mitzuleiden, dem es schlechter geht als uns. Wir sollen mit ihm *leiden*. Wenn es uns gut geht, wenn wir aus eigener Kraft glücklich sind, sollen wir unsere Selbstsicherheit verleugnen und uns zum Leiden zwingen und Opfer bringen.

Ist es nicht interessant, daß die Leute, die uns diese Botschaft vermitteln, meistens auch jene sind, die uns ihre Kontonummer bekanntgeben, auf die wir unser Schuldgefühl in barer Münze einzahlen sollen? Auf diese Weise bekommen wir die Nutznießer unserer Opferbereitschaft erst gar nicht zu Gesicht. Statt den Erfolg und die Freude unseres Mitleids selbst zu erfahren, nehmen andere sie für sich in Anspruch. Was also tun wir wirklich für jemanden, der Hilfe braucht? Wir benutzen unsere Opferbereitschaft als Entschuldigung dafür, selbst nichts für ihn zu tun.

Was nützt es also uns selbst und dem Hilfsbedürftigen, wenn wir mit ihm leiden? Wie es scheint, nützen wir weder ihm noch uns.

Wenn wir mit jemandem leiden, unterstützen wir ihn nur in seinem Leiden. Wir trösten ihn damit, aber wir zeigen ihm nicht, welche Erfahrungen wir selbst gemacht haben, um unsere eigenen Leiden zu bewältigen.

Wir verhalten uns wie Eltern, die ihre Kinder durch übertriebene Fürsorge daran hindern, selbst aus Fehlern zu lernen, statt ihnen vorzuleben, wie man Probleme löst. Natürlich werden diese Eltern manchmal darunter leiden, wenn das Kind eine Niederlage erleidet. Aber hilft man ihm nicht besser durch die Ermunterung, es noch einmal zu versuchen, statt mit ihm zu leiden und dadurch sein eigenes Leid zu verstärken?

Jeder, dem es schlecht geht, hat – wie wir alle – immer zwei Möglichkeiten, etwas zu verändern: Entweder er stärkt seine Kräfte und hilft sich selbst, oder er macht sich vom Mitleid anderer abhängig und lernt *nie,* sich selbst zu helfen.

Vermutlich sagen Sie jetzt: »Aber es gibt doch so viele Menschen in der Welt, die unsere Hilfe brauchen. Denen muß doch geholfen werden.« Ein starkes Argument. Aber warum gehen Sie nicht hin und helfen ihnen wirklich? Statt sich von Ihrem Schuldgefühl mit einer anonymen Spende freizukaufen, die weder Ihnen noch dem etwas nützt, der vielleicht Ihre Hilfe braucht.

77. Schritt
Alles Wissen über sich selbst können Sie aus den Erfahrungen schöpfen, die Sie mit sich selbst machen

Haben Sie schon einmal überlegt, woher das Wissen stammt, das Sie sich in Ihrem bisherigen Leben über sich angeeignet haben? Wer hat es Ihnen beigebracht, und was nützt es Ihnen dabei, ein freier und glücklicher Mensch zu sein? Vielleicht ist das, was von uns als Wissen gefordert wird, gar nicht das Wissen, das uns dabei hilft, unsere wahren Probleme zu lösen.

Wahrscheinlich hat Ihnen noch niemand, der Sie Wissen lehrt, solche Fragen gestellt. Vermutlich aus drei Gründen:

- Was wir unter Wissen verstehen, ist vorwiegend das, was uns Leute vermitteln, die behaupten, sie wüßten, was wir wissen sollten.
- Unter Wissen verstehen wir vorwiegend das, was wir in unserem Gedächtnis – oder im Computer – gespeichert haben.
- Kaum jemandem wird unter dem Eindruck seiner Erziehung bewußt, daß er alles Wissen über sich selbst durch die bewußte Erfahrung mit sich selbst erwerben kann.

Das jedenfalls sollten Sie bedenken, wenn Sie das Training Ihres Lebens selbst übernehmen. Das eigene Lebenstraining besteht aus den Erfahrungen mit sich selbst – für sich selbst. Wenn Sie das tun, ist jede Erfahrung, jede Niederlage, jedes bewußte Erlebnis, jede Antwort auf eine Frage, die Sie sich stellen, eine ständige Anreicherung Ihres Wissen über sich und Ihr Leben. Ein nie endender Lernakt, den Sie selbst herbeiführen.

Wissen Sie, was das bedeutet? Es bedeutet, daß alle Ihre Fähigkeiten in Ihr Wissen einbezogen sind. Wenn Sie Ihre Gefühle,

Ihre Phantasie, Ihre natürlichen Instinkte und auch die Botschaften Ihres Körpers für sich als Quellen Ihres Wissens erschließen, erfahren Sie alles aus sich selbst, was Sie dafür brauchen, um frei und glücklich sein zu können.

Das größte Hindernis, das Ihnen dabei im Wege steht, ist der Irrtum, alles für Sie Wissenswerte käme nur von den Leuten, die alles besser wissen. Es liegt an der Verleugnung der Fähigkeit, Wissen aus uns selbst zu schöpfen. Wir wurden daran gewöhnt, *andere* zu fragen, wenn wir etwas über uns erfahren möchten:

- Fragen Sie Ihren Körper, wann und welche Nahrung er braucht, oder essen Sie das, was Ihnen angeboten wird, wenn Essenszeit angesagt ist?

- Fragen Sie Ihre Phantasie nach den Ideen, die gerade jetzt erforderlich sind, um ein Problem zu lösen, das sich Ihnen gerade jetzt stellt? Oder verlassen Sie sich nur auf die Erfahrungen, die andere Leute zu ganz anderen Zeiten unter ganz anderen Umständen mit einem ähnlichen Problem gemacht haben?

Ob Sie Ihr persönliches Problem jetzt und hier zu Ihrem Besten lösen können, wissen Sie am besten dann, wenn Sie es gelöst haben. Vielleicht besteht das wertvollste Wissen über sich selbst ganz einfach darin, daß Sie nachher wissen: »Ich kann alle meine Probleme aus eigener Kraft lösen, wenn ich aus allen Quellen schöpfe, die in mir sind.« Macht dieses Wissen Sie nicht glücklicher als alles das, was andere Ihnen vermittelt haben, die angeblich alles besser wissen?

78. Schritt
Ändern Sie, was Sie heute ändern können.
Manches allerdings ändert sich ganz von selbst,
wenn die richtige Zeit gekommen ist

Erinnern Sie sich: »Alles hat seine Zeit, und alles braucht seine Zeit«? Wer dieses Prinzip des Lebens versteht, macht einen gewaltigen Schritt in seinem Lebenstraining. Es bedeutet den Übergang von der quälenden Ungeduld zur inneren Gelassenheit. Glücklichsein ist, wie Sie längst gemerkt haben, nicht das Ergebnis einer Methode oder die Befolgung eines einzigen Prinzips, das man lernt und befolgt. Glücklichsein ist das Ergebnis der selbstbewußten Persönlichkeit. Und diese starke Persönlichkeit beginnt bei der Einstellung zu sich selbst.

Vielleicht ist Glücklichsein so etwas wie eine Ideologie oder sogar Religion. Am Beginn steht immer eine Idee und der Glaube daran. Religionen oder Ideologien allerdings verlangen von Ihnen die Ein- und Unterordnung nach Regeln, die andere nach ihren Vorstellungen erfinden. Die Philosophie des Glücklichseins ist genau das Gegenteil: Sie selbst finden Ihren eigenen Weg nach eigenen Vorstellungen. Sie organisieren Ihr Leben so, wie es Ihren eigenen Möglichkeiten und Fähigkeiten entspricht. Sie ordnen sich Ihren eigenen Regeln unter und sind Ihr eigener Guru, Trainer, Kritiker oder wie immer Sie es nennen wollen.

Vor allem aber: Keine starren Grundsätze, die Ihre Individualität unterdrücken, sind der Maßstab Ihres Denkens und Handelns, sondern die permanente Beweglichkeit Ihrer eigenen Kreativität und Spontaneität im täglichen Spiel des Lebens.

Im Grunde genommen ist also die schrittweise Stärkung Ihrer Persönlichkeit nichts anderes als der Weg zum unabhängigen, mündigen, selbstverantwortlichen Bürger. Vielleicht denken Sie jetzt: »Wenn alle so dächten …« Schlagen Sie sich diese Phrase aus dem Kopf. Niemals werden *alle* so denken oder handeln. Die Religionen und Ideologien für alle Menschen haben bisher immer Schiffbruch erlitten. Sie, der einzelne, sind Anfang, Ende und Maßstab *Ihrer* Welt in der kurzen Zeit, in der Sie leben.

Demokratie, Freiheit, freie Marktwirtschaft, Gesellschaft, Politik – alles das kann nur funktionieren, wenn es genügend mündige Bürger gibt, die alle diese Faktoren mit individuellen Impulsen beleben. Es liegt an Ihnen allein, ob Sie zu diesen Bürgern gehören wollen oder nicht.

Ein freier Bürger zu sein bedeutet, daß Sie selbst erkennen und entscheiden, wann, wie und wo es für Sie richtig ist, zu handeln oder zu warten, bis eine Idee, die Sie verwirklichen wollen, zum Handeln reif ist. Wenn Sie sich zum Entscheiden und Handeln drängen lassen, bestimmen im manipulativen Spiel des Lebens Ihre »Gegner« Ort und Zeitpunkt. Sie machen sich von anderen abhängig und haben nur geringe Chancen auf Erfolg. Erfolg? Nein, es kann immer nur der Bruchteil eines Erfolgs sein.

Glücklichsein aber, das sollten Sie nicht vergessen, ist wie eine Schwangerschaft: Ein »bißchen schwanger« gibt es nicht. Entweder sind Sie glücklich – oder Sie sind es nicht.

79. Schritt
Was wirklich zählt, ist nicht das, was man Ihnen sagt, sondern das, was Sie aus dem machen, was Sie selbst für sich als richtig erkennen

Information und Kommunikation – das sind die großen Schlagworte unserer Zeit. Alle informieren uns, in Zeitungen und Büchern, im Fernsehen und von den Plakatwänden am Straßenrand. Aber wie informieren sie uns? Sie geben uns die Informationen, die sie für uns aufbereitet haben. Und sie tun es in der Absicht, daß wir ihre Informationen als Wahrheiten glauben und danach handeln. Das gilt für Eltern und Lehrer genauso wie für Politiker und Medien.

Was wir aus diesen Informationen machen, hängt davon ab, wie wir sie nach den Maßstäben filtern, die für uns von Nutzen sind. Der Filter, der es uns möglich macht, sind die eigenen Maßstäbe und Wertungen, die wir nach unseren Vorstellungen für uns besitzen. Nach dem Grundsatz: »Ich tue nicht, was ich tun darf und soll, sondern das, was mich freier und glücklicher macht.«

Informationen nach diesem Prinzip zu filtern, setzt voraus, daß wir jede Information hinterfragen. Die Filterfrage lautet: »Warum?«

- Warum soll ich glauben, was man mir sagt?
- Warum soll ich das tun, was man mir zu suggerieren versucht?
- Warum soll es mich glücklich machen?
- Warum soll gerade diese Information richtig sein und nicht eine andere oder das Gegenteil?

Machen wir uns nichts vor: Sechzig Prozent der Fähigkeit, sich anderen Menschen mitzuteilen, dient nicht der Information, sondern der Desinformation. Das gilt für uns selbst genauso wie für alle anderen:

- Jede Ausrede ist eine Desinformation. Man redet viel, statt sich über die Ursache eines Fehlschlags zu informieren.
- Jede Werbebotschaft ist Desinformation. Der Vorteil wird möglichst eindrucksvoll betont, um zu verbergen, daß jedes Produkt auch Nachteile hat.
- Jedes Versprechen ist Desinformation. Wir sollen an etwas glauben, von dem wir nicht wissen, ob ein Versprechen, das man uns macht, tatsächlich eingehalten wird.
- Autorität baut auf Desinformation. Wenn uns jemand sagt: »Ich weiß, was für dich richtig ist. Tue es, sonst wirst du Nachteile haben«, ist es nichts anderes als der Versuch, uns einzureden, wir könnten nicht selbst wissen, was richtig ist.
- Und Wahlversprechungen der Politiker? Nun ja, darüber kann sich jeder längst seine eigene Meinung bilden.

Mit allen diesen »Informationen« – und noch vielen anderen – sind wir täglich auf zweifache Weise konfrontiert: Entweder wir selbst benutzen sie anderen gegenüber, oder andere benutzen sie uns gegenüber.

Was können wir daraus schließen? Wir können daraus schließen, daß Informationen keine Wahrheiten sind. Und was wir von Wahrheiten halten können, davon war ja schon die Rede.

Denken Sie ein wenig darüber nach. Vielleicht erkennen Sie dann besser, wie Sie Informationen in Zukunft beurteilen wollen.

80. Schritt
Treue ist ein sicherer Weg, von anderen benutzt zu werden

Treue ist der sicherste Weg, sich selbst zu verleugnen. Was halten Sie von dieser provokanten Behauptung? Nichts klingt so schön und doch so verlogen, wie die Schwüre von der ewigen Liebe und der ewigen Treue. Treue in der Ehe, Treue zur Firma, Vaterlandstreue, Treue zur Partei.

Heute schwören wir die ewige Treue, aber was ist morgen oder in einem Jahr, wenn alles anders ist? Dann wird jede dritte Ehe geschieden, die Firma entläßt den treuen Mitarbeiter – und die Partei kümmert sich zuerst um sich – dann erst um unser Wohl.

Wozu ist die Treue gut? Haben Sie darüber schon einmal nachgedacht? Vorwiegend, so scheint es, ist sie dazu angetan, Menschen unglücklich zu machen. Sie behindert die freie Entscheidung zur Veränderung und bewirkt Schuldgefühle, wenn wir sie brechen. Wie viele Partner betrügen einander, aber sie gestehen es nicht ein. Sie leben mit Selbstvorwürfen weiter – wenigstens so lange, bis der andere sie ertappt und seine Enttäuschung die Beziehung vollends zerstört. Ist es nicht so?

Nicht selten wird die Untreue als Instrument der Erpressung benutzt. Der Ehebrecher verliert sein Gesicht und ist den ständigen Vorwürfen des Opfers ausgesetzt. Oder der Betrogene sucht darin den Grund für sein eigenes Selbstmitleid. »Ich bin betrogen worden«, dieses wehleidige Argument hindert ihn daran, eine Entscheidung zu fällen, wie er selbst sein verletztes Selbstbewußtsein aus eigener Kraft wieder herstellen könnte. Er delegiert alle Schuld an den anderen, statt einzusehen, daß der Treueschwur von gestern nur ganz selten auch heute noch gilt.

Ganz offensichtlich wurde der Begriff der Treue nur deshalb erfunden, um jemanden von sich abhängig zu machen. Autoverkäufer sind daran genauso interessiert wie Waschmittelfirmen oder politische Parteien. Sie wollen, daß wir ihr Produkt einmal kaufen oder wählen und dann immer wieder – auch wenn wir erkannt haben, daß es unseren neuen Ansprüchen schon längst nicht mehr genügt. Wenn wir treu sind, vergeben wir die Möglichkeit, Veränderungen mitzugestalten.

Ein Partner, der sich der Treue des anderen absolut sicher ist, hört auf, sich um ihn zu bemühen. Warum sollte er auch? Aber damit verkümmert die Spannung, die für die Entwicklung jeder Beziehung wichtig ist. Diese fehlende Spannung in einer Partnerschaft fördert andererseits die Versuchung zur Untreue. Ein Mann, den seine Frau durch die versprochene Treue als ihren alleinigen Besitz betrachtet, ist versucht, die fehlende Bestätigung in der Untreue zu finden. Das gleiche gilt natürlich auch für vernachlässigte Frauen.

Wie Sie sehen, kann der Zusammenhang zwischen Treueschwur, Besitzergreifung, Erpressung, beschränkter Entscheidungsfreiheit und verlorener Spannung manche Probleme verursachen, die Ihrem Glück im Wege stehen. Auch wenn Sie über Treue ganz anders denken, sollten Sie doch nicht versäumen, darüber einige Überlegungen anzustellen.

81. Schritt
Sagen Sie nicht: »Das kann ich nicht«,
ehe Sie es nicht wirklich wissen

»Das kann ich nicht« gehört zu den vielen verhängnisvollen
Sätzen in unserem Leben. Es gehört zu den »Killer-Phrasen«, die
der Erfüllung unserer schönsten Wünsche im Wege stehen. Ein
Gedanke, ein Ziel, ein Wunsch erwacht in uns. Wir begeistern uns
an der Vorstellung, wie großartig es wäre, ihn zu realisieren. Wir
gehen hochmotiviert ans Werk – dann stellt sich uns die erste
Schwierigkeit in den Weg. Wie verhalten wir uns?

- Manche resignieren ohne Gegenwehr und reden sich ein: »Das
  kann ich eben nicht.«
- Andere zögern keinen Augenblick mit der Ausrede: »Ich habe
  es ja versucht, aber man läßt mich nicht.«

Haben wir wirklich alles uns Mögliche versucht, ehe wir schon
bei den ersten Widerständen die Flinte ins Korn werfen? Was
heißt denn das überhaupt: »Das kann ich nicht«? Es heißt, daß
wir unsere derzeitigen Fähigkeiten überschätzt oder die Anforderungen unterschätzt haben, die für die Lösung eines Problems
erforderlich wären.
Etwas nicht zu können bedeutet aber noch lange nicht, daß wir
unsere Fähigkeiten nicht trainieren und verbessern können. So
lange, bis wir imstande sind, das Ziel zu erreichen. Kein Mara-
thonläufer würde erwarten, daß er schon beim ersten Versuch als
Sieger ins Ziel kommt. Er wird seine Muskeln und seine Ausdauer
trainieren, die Technik des Laufens und seine Atmung verbessern
und im Wettkampf von den Konkurrenten lernen. Aber alles das
wird vergeblich sein, wenn er schon bei der ersten Krise sagt: »Ich
schaffe es ja doch nicht.«

Erfolge werden letzten Endes im Kopf errungen. In unserem Denken entscheidet es sich, ob wir uns einreden: »Das kann ich nicht« oder: »Ich schaffe es, wenn nicht heute, dann nächstes oder übernächstes Mal«. Krisen sind – wie Niederlagen – eine Botschaft an uns, was wir falsch gemacht haben und noch lernen müssen, um ans Ziel kommen zu können.

Etwas zu lernen, heißt immer, es so lange einzuüben, bis wir es *können*. Und jeder Lernakt ist ein Übungsvorgang in kleinen Schritten. Mit jedem einzelnen Schritt eignen wir uns ein Stück der Fähigkeit an, die es uns ermöglicht, den nächsten Schritt zu bewältigen. Gleichzeitig ist jeder kleine Erfolg, den wir auf dem Weg zum Ziel erringen, ein Grund, sich darüber zu freuen, uns selbst Mut zuzusprechen und uns für die Bewältigung des nächsten Schrittes zu motivieren.

Die Entscheidung »Das kann ich nicht«, noch ehe wir überhaupt versucht haben, das zu *lernen*, was wir können möchten, ist viel mehr als nur der Verzicht auf die Erfüllung eines Wunsches. Es ist ein Trainingsschritt zur Hilflosigkeit. Wir sagen: »Das kann ich nicht« und lassen andere für uns Probleme lösen, die nur wir selbst lösen können. Und je öfter das geschieht, um so abhängiger werden wir von denen, die an unserer Hilflosigkeit interessiert sind, um Nutzen daraus zu ziehen.

82. Schritt
Ein Bedürfnis, das aus den Genitalien kommt, können Sie nicht im Kopf befriedigen

Die Tabus im Umgang mit unseren natürlichen Bedürfnissen haben dazu geführt, daß wir manche davon verleugnen. Welcher Mann oder welche Frau sagt schon: »Ich bin erregt und habe Lust auf Sex« – und befriedigt dieses Bedürfnis ohne Zögern und Hemmungen? Viel eher verdrängen die meisten Menschen den Wunsch – oder suchen nach einer weniger tabuisierten Ersatzbefriedigung.

Kennen Sie die Behauptung eines Psychologen: »Migräne ist Orgasmus im Kopf«? Ein Bedürfnis, für dessen Befriedigung die Natur ganz offensichtlich die Genitalien vorgesehen hat, kann nicht im Kopf befriedigt werden, ohne daß wir Schaden nähmen. Ähnlich verhält es sich – wie wir wissen – mit der Verdrängung. Wer zu lange ein natürliches Bedürfnis verleugnet oder verdrängt, kann krank werden.

Verdrängen und Ersatzbefriedigung, so scheint es, gehören zu den häufigsten Ursachen der Leiden vieler Menschen. Sehr oft, ohne daß es ihnen bewußt wäre. Sie geben sich damit zufrieden, daß der Arzt ihnen gegen Migräne ein Medikament verschreibt, und denken keinen Augenblick daran, daß die Ursache der Krankheit ihre sexuelle Frustration sein könnte. Der »Orgasmus im Kopf« – eine Ersatzbefriedigung, die sich als Migräne äußert.

Vielleicht denken Sie jetzt, die Sache mit dem »Orgasmus im Kopf« könnte wohl doch eine Übertreibung sein. Aber sind solche Zweifel vielleicht nichts anderes als der Versuch, einem tabuisierten Problem auszuweichen, für das Sie schon längst einen Ersatz gefunden haben?

- Die Frau, die ihrem Mann ein Leiden vorspielt, weil sie nicht mit ihm schlafen will.
- Der Mann, der Arbeit oder Überarbeitung vortäuscht, weil er schon einige Male nicht mit seiner Frau schlafen konnte und jetzt Angst hat, er könnte impotent sein.
- Der Ehestreit als Vorwand, nicht miteinander schlafen zu müssen. Und ähnliches mehr.

Ganz offensichtlich hat uns die Natur mit allen Möglichkeiten ausgestattet, glücklich zu leben. Sie signalisiert uns Bedürfnisse und erwartet, daß wir sie befriedigen. Sie läßt uns den Hunger spüren, wenn der Körper Nahrung braucht. Wenn wir müde sind, zeigt sie uns, daß wir Entspannung brauchen. Die Schläfrigkeit ist das natürliche Signal, ins Bett zu gehen.

Und wie reagieren die meisten Menschen auf diese Bedürfnis-Informationen? Sie reagieren mit Ersatzbefriedigung. Sie essen, ohne Hunger zu haben, oder hungern, weil sie schlank sein wollen. Sie machen die Nacht zum Tag, und statt sich zu entspannen, bekämpfen sie die Müdigkeit. Ist es nicht so?

Und welchen Tabus gehen *Sie* aus dem Weg, und wo geben Sie sich mit Ersatzbefriedigung zufrieden? Auch wenn Sie mit niemandem darüber reden wollen oder können: Weichen Sie einer Antwort auf diese Frage nicht einfach aus, indem Sie jetzt weiterblättern.

83. Schritt
Zweifel helfen Ihnen, die richtige Entscheidung
zu fällen. Nachher stehen Sie Ihnen nur im Weg

Zu den häufigsten Tätigkeiten an jedem Tag unseres Lebens
gehört es, Entscheidungen zu fällen. Trinke ich Tee oder Bier,
kaufe ich ein rotes oder ein blaues Kleid? Welches Auto? Zeige
ich meinem Partner meinen Zorn oder verdränge ich ihn?

Von manchen dieser Entscheidungen, so nebensächlich sie auch
zu sein scheinen, hängt es ab, ob wir an einem Tag glücklich sind
oder nicht. Ob wir erfolgreich sind oder scheitern. Ob wir resignieren oder aus einer Niederlage lernen. Was also tun wir, um
Entscheidungen bewußt und gezielt herbeizuführen? Vor allem
aber: Wie sorgen wir dafür, daß wir das auch erfolgreich realisieren, wofür wir uns entschieden haben?

Entscheidungen sind das Ergebnis eines Denkprozesses. Das
Umsetzen von Entscheidungen, also das Handeln, hängt davon
ab, wie unser Körper Beschlüsse in die Tat umsetzt. Der Erfolg
wird davon bestimmt, wie gut Denken und Handeln zusammen-
arbeiten. Man kann also sagen, daß wir aus zwei *Ichs* bestehen,
aus einem Denker- und Entscheider-Ich und einem Macher-Ich.
Jedes hat seine Funktion, die wir erkennen und nützen sollten.
Vor allem aber: Wir sollten lernen, sie voneinander abzugrenzen.
Nehmen wir an, Sie spielen Tennis. Der Trainer hat Ihnen genau
erklärt, wie Sie aufschlagen, retournieren, sich bewegen und den
Schläger halten sollen. Sie *wissen* es also. Sie haben es in Ihr
Denken verankert und sich dafür entschieden. Das Denker-Ich hat
seine Funktion erfüllt. Jetzt ist das Macher-Ich an der Reihe, Ihr
Wissen und Ihre Entscheidung umzusetzen.

Sie schlagen ein paar Schläge und sind zufrieden. Dann aber
machen Sie einen Fehler und noch einen. Ihr Macher-Ich hat also
Schwierigkeiten, den Auftrag des Denker-Ich korrekt umzuset-

zen. Was passiert in solchen Situationen in Ihrem Kopf? Nicht selten fängt Ihr Denker-Ich jetzt an, sich einzumischen und das Macher-Ich zu irritieren. Es wird zum Nörgler- oder Selbstbeschimpfer-Ich und bringt das Macher-Ich aus dem Konzept.

Das Problem liegt also darin, daß Ihr Denker-Ich in seiner Ungeduld dem Macher-Ich keine Chance gibt, das zu *lernen,* was es vollziehen soll. Und lernen heißt – wie Sie wissen –, etwas, das wir beschlossen haben, so lange geduldig einzuüben, bis es das, was es können soll, tatsächlich auch beherrscht.

Was wir also beachten sollten, ist nichts anderes als das Macher-Ich während eines Lern- und Übungsprozesses nicht durch störende Nörgeleien und Selbstbeschimpfungen zu behindern. Denn das Macher-Ich handelt aus dem Unterbewußtsein, instinktiv und nach Ihren Zielvorstellungen. Vorausgesetzt, Sie verunsichern das intuitiv richtige Machen nicht durch zweifelnde Gedanken.

Zweifel sind nützlich, ehe Sie eine Entscheidung fällen. Nachher allerdings hindern Sie das Macher-Ich daran, ungestört das richtige Handeln so lange einzuüben, bis es ganz automatisch und ohne Nachdenken geschieht.

84. Schritt
Alle Energie kommt aus der Spannung zwischen einem Wunsch und seiner Erfüllung

Der Traum vom wunschlosen Glück verleitet manche Menschen dazu, den Risiken und der Spannung im Leben auszuweichen. Sie verleugnen das Unglück, weil sie krampfhaft auf die Vorstellung fixiert sind, das Leben sei erst schön, wenn sie immer nur glücklich wären. Dabei gibt es kein Glück ohne Unglück und keinen Erfolg ohne Niederlage. Es ist die Spannung zwischen Wunsch und Erfüllung, die uns weiterbringt.

Wenn Sie wunschlos glücklich wären und heute schon mit absoluter Sicherheit wüßten, was morgen passiert, wenn Sie eine Sache in Angriff nähmen und Sie wüßten immer schon im voraus, daß sie Ihnen gelingt – wo bliebe da der Reiz des Lebens?

Wunschlos glücklich zu sein, hieße das Ende der Neugier, es gäbe in uns keinen Impuls mehr, alle unsere Kräfte und Fähigkeiten einzusetzen, um uns einen Wunsch zu erfüllen. Denn weder der Wunsch noch seine Erfüllung machen das *Leben* aus, sondern das Auf und Ab auf dem Weg dorthin. Erst dieser Leidensweg und seine Bewältigung machen die Freude aus, die unser Herz höher schlagen läßt, wenn wir es wieder einmal geschafft haben. Das ist es schließlich auch, was das Glück ausmacht.

Alles das sollte uns veranlassen, das Unglück und die Spannung, die Niederlage und das Leiden genauso anzunehmen wie das Glück. Wir brauchen *beide,* denn nur die Spannung zwischen Wunsch und Erfüllung schafft in uns den Impuls zum Handeln. Erst die Gefahr mobilisiert unsere Kräfte, die notwendig sind, um ihr zu entrinnen. Wenn Sie krank sind und Sie sind nicht entschlossen, wieder gesund zu werden, verkümmert die Kraft, die Sie wieder gesund macht. Der Startschlüssel, der den Motor zum Überleben anwirft, ist die Entscheidung: »Ich werde wieder gesund.« Dieser Schlüssel ist nicht der Arzt, der Sie operiert, oder das Medikament, das er Ihnen verschreibt – es ist Ihre Entscheidung, für die niemand anderer verantwortlich ist als Sie selbst.

»Wir sind so, wie wir denken«, erinnern Sie sich an diesen Hinweis? Wenn Sie denken: »Ich bin unheilbar krank, und niemand kann mir helfen«, ist es so, als würden Sie den Motor abstellen, der Sie zum Weiterleben motiviert. Wenn Sie wunschlos glücklich wären, gäbe es auch keinen Wunsch mehr, den Sie sich erfüllen wollten. Keinen Impuls, etwas zu verändern. Keine Spannung und keinen Höhepunkt. Es wäre, als hätten Sie den Strom abgeschaltet, der Licht und Wärme in Ihr Leben bringt.

Heißt das, Sie sollten den Traum vom wunschlosen Glück nicht mehr träumen? Natürlich sollten Sie das nicht. Träumen Sie ihn und hören Sie nie auf, ihn zu träumen. Aber seien Sie sich klar darüber, daß er sich vielleicht niemals oder ganz anders erfüllt, als Sie es sich erträumten. Benutzen Sie ihn als Motor, der Sie vorantreibt – von Wunsch zu Wunsch. Aber hüten Sie sich davor zu resignieren. Und wenn Sie tatsächlich manchmal Augenblicke des wunschlosen Glücks erleben: Wachen Sie am nächsten Morgen mit einem neuen Wunsch auf, den Sie sich erfüllen möchten.

85. Schritt
Niemand ist an Ihrem Glück interessiert.
Es sei denn, es nützt ihm mehr als Ihnen

Unser ganzes Leben ist ein Spiel ums Glücklichsein. Es ist ein Spiel im Spannungsfeld von Gewinnen und Verlieren. Wenn wir verlieren, löst es den Wunsch aus, beim nächsten Mal zu gewinnen. Wenn wir gewinnen, wollen wir wissen, ob wir es noch einmal schaffen könnten. Oder wir nehmen die Herausforderung eines Verlierers an, uns den Gewinn wieder abzujagen.

Denken Sie, dieses Gesetz von Gewinnen und Verlieren gelte nur für Pokerspieler und Spielkasinos? Nein, es gilt für Beruf und Partnerschaft, für die Weltwirtschaft und die Politik.

Das Gesetz des ewigen Lebensspiels ist das Gesetz von Geben und Nehmen, an dem bisher alle Bemühungen um eine friedliche Welt, in der alle Menschen gleich sein könnten, gescheitert sind. Und warum? Weil es im Spiel um Geben und Nehmen immer Gewinner und Verlierer geben muß. Oder denken Sie, es gäbe Olympische Spiele, wenn *alle* dabei gewinnen könnten?

Zu dem Gesetz von Geben und Nehmen steht das Prinzip des selbstlosen Gebens im Widerspruch. Wenn Sie jemandem immer nur geben, verlieren Sie ihn als Partner im Lebensspiel, von dem Sie etwas zurückgewinnen könnten. Es sei denn, er benutzt Ihre Hilfe dazu, etwas zu schaffen, das Sie ihm wieder abnehmen möchten.

Wie Sie sehen, ist die Grundlage eines funktionierenden Lebensspiels das Bekenntnis zum gesunden Egoismus. Oder, um es in einem größeren Rahmen zu sehen, das Bekenntnis zur freien Marktwirtschaft. Warum, denken Sie, »helfen« die reichen Länder der Welt den armen Ländern mit so großem Eifer? Doch nur, damit die armen Leute reich genug werden, um sich die Produkte kaufen zu können, die die reichen Länder ihnen verkaufen möchten.

Genauso funktioniert das Spiel in jeder Art von Partnerschaft: Wenn Sie glücklich sind, können Sie den Partner glücklich machen, damit er selbst glücklich wird und Ihnen davon wieder etwas abgeben kann. Wenn der Partner nur nimmt, gibt es nichts, was Sie zurückgewinnen könnten. Das Gesetz von Geben und Nehmen tritt außer Kraft. Vielleicht ist genau dies die Ursache dafür, daß in unseren Ländern jede dritte Ehe wieder geschieden wird. Vielleicht. Vielleicht auch nicht. Aber könnte es nicht so sein?

Wie es überhaupt möglich ist, daß alles, was Sie hier über Geben und Nehmen oder den Egoismus und die »selbstlose Hilfe« gelesen haben, nur reine Spekulation ist. Aber vielleicht provoziert es Sie dazu, sich Ihre eigene Meinung darüber zu bilden. Statt alle diese Dinge immer nur so zu betrachten, wie Sie es von Ihren Trainern der Moral und des Wohlverhaltens bisher gelernt haben.

Glücklich und frei zu sein, bedeutet schließlich zu allererst, sich bewußtzumachen, daß alles im Leben zwei Seiten hat. Erst wenn wir *beide* kennen, können wir uns für das entscheiden, was uns auf dem Weg zum Glück wirklich von Nutzen ist.

86. Schritt
Wenn Sie für andere die Verantwortung übernehmen, stehlen Sie ihnen die Chance, für sich selbst verantwortlich zu sein

»Ich fühle mich für dich verantwortlich« – was für ein schönes Bekenntnis. Politiker verwenden es mit Vorliebe in der wohlklingenden Variante: »Ich bin meinen Wählern verantwortlich«, Greenpeace übernimmt für die Umwelt und manche Leute sogar für das Wohl der ganzen Welt die Verantwortung. Und für wen fühlen *Sie* sich verantwortlich?

Wenn Sie beschlossen haben, Ihr Glück und Ihre persönliche Freiheit aus eigener Kraft und durch das Training Ihrer Fähigkeiten zu erlangen, sollten Sie nicht versäumen, sich mit dieser Frage auseinanderzusetzen.

Für jemanden die Verantwortung zu übernehmen, was bedeutet das eigentlich? Es bedeutet vor allem, daß Sie dem anderen einen Teil seiner Verantwortung für sich selbst abnehmen. Sie lösen für ihn ein Problem – oder geben es zumindest vor – und machen ihn von sich abhängig. Er verläßt sich darauf, und das wieder heißt, daß auch Sie sich von Ihrem Versprechen abhängig machen.

Was aber, wenn Sie dieses Versprechen abgegeben haben, ohne noch zu ahnen, welche Folgen es für Sie haben wird? Wenn es Ihnen nicht gelingt, Ihrem Versprechen nachzukommen, tragen Sie schließlich auch für dieses Versagen die Verantwortung. Sie können sich dann der Verantwortung wieder entziehen – aber Ihr Schuldgefühl wird bleiben. Vielleicht auch der Vorwurf des Betroffenen: »Du hast mich im Stich gelassen.«

Jemandem die Verantwortung für sich und die Lösung seiner Probleme zu überlassen, bedeutet letzten Endes nichts anderes als Selbsterziehung zur Verantwortungslosigkeit. Sie verhindern dadurch, aus einem Versagen zu lernen und ermuntern sich zur

Ausrede: »Der andere ist schuld daran, er hat schließlich dafür die Verantwortung übernommen.«
Erkennen Sie, wohin das führt?

- Es gilt für Kinder, denen die Eltern nicht früh genug die Chance gaben, aus ihren Fehlern zu lernen.
- Es gilt genauso für Patienten, die Ärzten und Medikamenten die Verantwortung für ihre Gesundheit überlassen, ohne selbst etwas dazu beizutragen.
- Nicht anders ergeht es dem Bürger, der von Politikern und Funktionären erwartet, daß sie für Wohlstand, Sicherheit und Arbeitsplätze sorgen – wie sie es unentwegt versprechen.
- Und dann sind da all die Arglosen, die darauf hoffen, daß der Staat ihnen hilft, weil er ja schließlich die Verantwortung für seine Bürger trägt.

Wie Sie sehen, scheint der einzige Weg, sich bösen Überraschungen zu entziehen, darin zu bestehen, selbst für sich die Verantwortung zu übernehmen. Und *nur* für sich.

87. Schritt
Wer alles auf einmal will, erreicht nichts wirklich

Was ist Glück? Das ist die Frage, die wir uns immer wieder aufs neue stellen sollten. Denn das Glück von gestern ist vermutlich heute etwas ganz anderes. An einem Tag, an dem uns manches mißrät, ist ein kleiner Fortschritt viel mehr wert als an einem Tag, an dem uns einfach alles gelingt.

Glück ist Wohlbefinden und innere Ruhe. Es ist die Erfüllung eines Wunsches, das Erreichen eines Ziels, der Lohn für unser Bemühen. Sehr oft bedeutet Glück auch das Ende eines Leidensweges. Viele Menschen allerdings erreichen dieses Glück nur deshalb nicht, weil sie sich niemals wirklich darauf konzentrieren. Sie wollen sich möglichst viele Wünsche möglichst schnell und mit möglichst wenig Anstrengung erfüllen und verstehen nicht, daß sie auf diese Weise niemals wirklich glücklich sein können.

Erinnern Sie sich an die Erkenntnis: »Alles im Leben hat seine Zeit, und alles braucht seine Zeit«? Alles, was wir erreichen wollen, braucht auch alle Energie, die wir aufbringen können. Denn niemand kann erwarten, daß er mit halber Kraft einen ganzen Erfolg erringen kann.

Mit halber Kraft, das bedeutet: Wer bei der Lösung einer Aufgabe mit den Händen hier, aber mit seinen Gedanken ganz woanders ist, zersplittert seine Kraft. Konzentration aller Kräfte auf eine Aufgabe, das bedeutet also, seine Gedanken auf diese eine Sache zu lenken und sich durch nichts ablenken zu lassen. Hier sind die fünf häufigsten Widerstände, die der Konzentration auf eine Sache im Wege stehen:

1. Die Unfähigkeit, Zweifel und Ängste in unserem Denken durch die Entscheidung zu ersetzen: »Ich schaffe es. Nichts kann mich von meinem Weg abbringen.«
2. Die ständige Angst, wir könnten etwas versäumen.
3. Die Unentschlossenheit in der Bewertung der Aufgabe, die wir als nächste lösen wollen.
4. Die Ungeduld, eine Aufgabe lösen zu wollen, obwohl der richtige Zeitpunkt dafür noch nicht gekommen ist.
5. Die Unlust an dem, was wir tun, weil wir unfähig sind, allem im Leben Freude abzugewinnen – auch der Anstrengung, die notwendig ist, um ein Ziel zu erreichen.

Glück ist – wie Sie sehen – unteilbar. Entweder Sie entscheiden sich dafür, oder Sie entscheiden sich für Ängste, Zögern und Zweifel. Wenn Sie einen Liebesakt vollziehen, während Sie ständig nur daran denken, ob Sie alles richtig machen, dürfen Sie nicht erwarten, daß Sie Freude daran haben. Das höchste Glücksgefühl können Sie nur erreichen, wenn Sie den höchsten Einsatz leisten: Ihre Gedanken denken an nichts anderes. Ihre Phantasie findet immer bessere Wege zur Überwindung aller Hindernisse. Ihr Körper ist von Spannung und die Gefühle von Freude erfüllt. Die Kunst der Konzentration auf eine Aufgabe besteht also darin, nichts anderes zu denken, zu fühlen und zu tun als nur das, was Sie diesem einen Ziel den nächsten Schritt näher bringt.

88. Schritt
Wenn Sie aufhören, sich schuldig zu fühlen, kann niemand mehr von Ihrer Sühne profitieren

Schuld und Sühne – ist Ihnen bewußt, welchen selbstzerstörerischen Einfluß diese verhängnisvolle Kombination auf Sie haben kann? Wann immer Sie sich für etwas schuldig fühlen, das Sie getan haben, werden Sie zum leichten Opfer für Leute, die von Ihrer Sühne profitieren.

Der Nährboden für unsere Schuldgefühle sind die längst unüberschaubar gewordene Fülle von Geboten und Verboten, die uns von Kindheit an anerzogen werden. Unser ganzes Leben wird von der autoritären Unterdrückungsbotschaft begleitet: »Das darfst du nicht!« Wir begegnen ihr daheim, am Arbeitsplatz, an jeder Straßenkreuzung und in den Medien, wo uns selbstgefällige Weltverbesserer immer neue Schuldgefühle einreden wollen:

- Wir sollen uns schuldig fühlen, weil es uns besser geht als anderen.
- Wir sollen uns schuldig fühlen, wenn wir Tiere nicht genauso behandeln wie Menschen.
- Wir sollen uns schuldig fühlen, wenn wir unsere Nächsten nicht mehr lieben als uns selbst.
- Wir sollen uns schuldig fühlen, wenn wir nachts auf der Autobahn schneller fahren, als es erlaubt ist – obwohl weit und breit kein anderes Fahrzeug sichtbar ist.

Schuldgefühle sind das unsichtbare, in unser Denken eingepflanzte Lenkungsinstrument zum Nutzen jener, die sie uns beibringen. Hausfrauen sollen sich schuldig fühlen, wenn sie nicht das Mittel kaufen, das die Wäsche wirklich weiß macht und das Geschirr garantiert sauber spült. Die Besitzer von Hunden und

Katzen, die ihren Lieblingen nur Überreste ihrer Mahlzeiten füttern, sollen sich schuldig fühlen, wenn sie sehen, wie liebevolle Tierfreunde in der Fernsehwerbung ihre Lieblinge nur mit dem Besten vom Besten aus der gekauften Dose verwöhnen.

So wie jeder Gedanke und jede Idee nach Verwirklichung verlangt – so ist es uns anerzogen worden –, verlangt jede Schuld nach Sühne. Ein Leben lang begleitet uns die massive Drohung: »Wenn du nicht tust, was von dir erwartet wird, wirst du bestraft.« Diese Formel ist uns so sehr in Fleisch und Blut übergegangen, daß Schuldgefühle uns auch dann nicht verlassen, wenn man uns bei einer verbotenen Handlung *nicht* erwischt. Das »Gewissen« in uns selbst treibt uns zur selbst auferlegten Sühne.

Natürlich funktioniert dieses manipulative Instrument der Erziehung nur so lange, wie wir uns den Geboten und Verboten unserer Lebenstrainer willenlos unterwerfen. Sie treten – wenigstens teilweise – außer Kraft, wenn wir damit beginnen, uns selbst nach eigenen, individuellen Maßstäben zu selbstdenkenden mündigen, selbstverantwortlichen Bürgern zu erziehen.

Wer sich für sein Denken, Fühlen, Glauben und Handeln selbst verantwortlich fühlt – das wissen wir ja längst –, braucht niemanden mehr, der ihn bevormundet und auf dem Umweg von Schuldgefühlen für seine Interessen mißbraucht.

89. Schritt
Was gesagt werden muß, sollten Sie nicht verschweigen, nur weil es jemanden verletzen könnte

Es kann gar nicht oft genug gesagt werden: Glücklichsein hängt davon ab, wie gut Sie aus eigener Kraft die Probleme lösen, die Ihrem Glück im Wege stehen. Ein Problem zu lösen bedeutet vor allem, daß Sie bereit sind, es loszulassen.

Wenn Sie jemanden lieben oder hassen, um nur ein Beispiel zu nennen, können Sie diese Gefühle verdrängen. Oder Sie leben sie aus, noch ehe sie zu einem Verdrängungsproblem geworden sind, das Sie unglücklich macht.

Das einfachste Instrument der Befreiung besteht darin, darüber zu reden. Vermutlich besteht die Ursache unendlich vieler gescheiterter Beziehungen einfach nur darin, daß die Partner nicht imstande sind, darüber zu reden. Vielleicht, weil sie Angst davor haben, den anderen zu verletzen. Oder Sie fürchten die Folgen, die ihr Loslassen für sie selbst haben könnte.

Wie immer Sie sich in solchen Situationen auch verhalten, eines sollten Sie bedenken: Die Folgen einer Verdrängung sind fast immer schlimmer als die Folgen eines Aktes der Befreiung. Es mag Streit geben, der andere kann gekränkt, verletzt, wütend oder enttäuscht sein. Aber das, was Sie loswerden wollten, sind Sie los. Und das ist der wichtigste Schritt zur Lösung eines Problems, das Sie und jemand anderen betrifft. Das hemmende Ventil ist geöffnet, ein Dialog kann Klärung bringen. Vorausgesetzt, Sie führen ihn.

Um es noch einmal zu sagen: Der wichtigste Schritt besteht darin, darüber zu reden – gleichgültig, welche Folgen es haben könnte. Mit dieser Entscheidung zum bedingungslosen Loslassen Ihrer Gedanken oder Gefühle befreien Sie sich vorerst einmal von der Spannung, die jede Verdrängung mit sich bringt.

Natürlich gibt es immer zwei Möglichkeiten, mit jemand anderem über Dinge zu reden, die Sie beschäftigen:

- Sie können damit die Person konfrontieren, die das Problem betrifft.
- Oder Sie weichen der direkten Konfrontation aus und öffnen sich jemandem, von dem Sie Zustimmung, Mitleid oder einen Rat erwarten. Mit anderen Worten: Sie lösen Ihr Problem nicht selbst, sondern machen sich von einem Helfer abhängig. Vielleicht tun Sie es bewußt oder unbewußt auch in der Absicht, später dem Helfer die Schuld geben zu können, wenn sein Rat nicht zur erwarteten Lösung Ihres Problems geführt hat.

Gleichgültig, wie Sie sich entscheiden: Überhaupt darüber zu reden, war der Schritt zum Loslassen, auch wenn dadurch das Problem selbst noch nicht gelöst ist. Aber es kann kein Zweifel darüber bestehen: Wenn Ihr Gefühl, Ihre Liebe oder Ihr Haß, eine Idee oder eine Spannung eine andere Person betrifft, gibt es keinen zielführenderen Weg, als es mit dieser Person gemeinsam zu klären, statt mit irgend jemand anderem.

Das setzt allerdings voraus, daß Sie sich dazu entschlossen haben, Ihre Probleme aus eigener Kraft zu lösen, statt zu erwarten, daß andere es für Sie tun.

90. Schritt
Fangen Sie nichts Neues an, ehe Sie nicht das Alte bis zur Neige ausgekostet haben

Wir können nicht glücklich sein, ehe wir keine Vorstellung davon haben, was Glück für uns bedeutet. Deshalb sollten wir nie aufhören, immer daran zu denken und die Vorstellung davon immer mehr in unsere Einstellung zum Leben zu vertiefen.

Wenn Sie von heute an jeden Morgen aufwachen und Ihr erster Gedanke ist: »Ich bin glücklich«, wird sich diese Vorstellung von Tag zu Tag immer tiefer in Ihr Unterbewußtsein versenken. Sie wird zu einem Bestandteil Ihrer Einstellung zum Leben. Sie wird zur Gewohnheit, wie das Aufsetzen des Wassers für den Kaffee, der Griff zum Rasierapparat vor dem Spiegel.

Durch den täglichen Gedanken an das Glücklichsein wird es zur Selbstverständlichkeit. Sie üben es so lange bewußt, bis es zur unbewußten Selbstverständlichkeit wird, über die Sie bald nicht mehr nachzudenken brauchen. So einfach und selbstverständlich das auch klingen mag, die meisten Menschen tun es nicht.

Was tun sie? Sie wachen am Morgen auf und denken sofort an nichts anderes als an das aktuelle Problem, das sie am Vortag beschäftigt hat, oder an das, was Sie heute erwartet. Sie lassen die Probleme, die andere Leute an sie herantragen, ihr Denken bestimmen. Statt selbst zu bestimmen, mit welcher Einstellung sie den Tag verbringen wollen.

Sie denken: »Mensch, das wird wieder so ein Tag« oder: »Eigentlich habe ich heute gar keine Lust aufzustehen«. Glücklich zu sein ist eine Einstellung zum Leben und nicht ein Zufall oder Schicksal.

Wer diese Einstellung lange genug täglich trainiert, braucht nicht ständig nach immer neuen Glücks-Impulsen zu suchen. Sie kennen das ja:

- Ich freue mich schon auf mein neues Auto.
- Oder: Der glücklichste Tag meines Lebens wird der sein, wenn ich mich zur Ruhe setze.
- Oder: Ach, wie glücklich wäre ich, wenn ich keine Depressionen mehr hätte.

Und wie die Formeln alle lauten, mit denen wir unser Glück von Voraussetzungen abhängig machen, die andere Leute oder der Zufall bestimmen.

Aber was geschieht, wenn wir im neuen Auto sitzen, den Ruhestand antreten oder wenn die Depressionen nachlassen? Was geschieht dann mit uns? Wir sehen uns sofort nach neuen Glücks-Impulsen um. Immer auf der Suche nach Neuem, von dem wir uns erwarten, was doch nur vorübergehend ist. Statt das Glücklichsein zu einer Selbstverständlichkeit zu machen. Zu etwas Vertrautem, nach dem wir nicht ständig neu suchen müssen. In der permanenten Ungewißheit, ob, wann und wie wir es finden werden.

Vergessen Sie nicht: Die Kunst, glücklich zu leben besteht darin, auch dann glücklich zu sein, wenn wir eigentlich unglücklich sein sollten.

91. Schritt
Alles, was Sie für andere opfern, nimmt Ihnen viel von der Kraft, die Sie brauchen würden, wenn niemand bereit ist, ein Opfer für Sie zu bringen

Helfen und mitleiden, Rücksicht nehmen und Opfer bringen – ein Leben lang werden wir daran erinnert, daß diese Eigenschaften zum guten Ton edler Menschen gehören. Wer sich nicht daran hält, wird als hart, herzlos und rücksichtslos diskriminiert. Von wem? Nun, von allen jenen Leuten, die sich selbst zu den Hütern von Moral und Nächstenliebe ernannt haben.

»Alle für einen, einer für alle«, »Gemeinsam sind wir stark« und wie die Aufrufe alle lauten, mit denen wir aufgefordert werden, einen Teil unserer Energie nicht für unser eigenes Glück, sondern für das Wohl anderer zu opfern.

Ist es nicht seltsam, daß Bürger dafür bestraft werden, wenn sie andere betrügen, aber niemand kümmert sich um uns, wenn wir uns selbst betrügen? Es scheint, als wären alle die rechtlichen und moralischen Gesetze nur dazu gemacht, um andere vor uns zu schützen. Wer aber schützt uns vor uns selbst, wenn wir selbst es nicht tun?

Zugegeben, alles das klingt ein wenig weit hergeholt und provokant. Aber ist nicht etwas Wahres daran? Wir sind es nur nicht gewöhnt, solche Überlegungen anzustellen und sie zu Ende zu denken. Wenn es darum geht, Opfer zu bringen, denken wir sofort an nichts anderes, als daß wir dazu aufgerufen wären, uns für andere aufzuopfern, für *andere* Verantwortung zu übernehmen, auf andere Rücksicht zu nehmen.

Aber wer hilft Ihnen wirklich dabei, so zu leben, wie Sie selbst leben möchten: unabhängig, selbstbewußt und glücklich aus eigener Kraft? Stehen dann alle die Leute an Ihrer Seite, denen Sie Opfer gebracht haben oder die nicht müde wurden, Ihnen zu versichern, daß sie sich für Sie verantwortlich fühlen?

Wenn Sie allen Aufforderungen zur Selbstaufgabe Folge leisten, wird Ihnen letzten Endes nur ein Bruchteil Ihrer Energie zur Verfügung stehen, die Sie brauchen würden, um Ihre eigenen Probleme zu lösen.

Unser Glück ist nichts, das uns mühelos zufällt. Es ist etwas, um das wir uns ständig mit aller Kraft bemühen müssen. Vorausgesetzt natürlich, wir möchten nicht nur ab und zu und zufällig glücklich sein. Jedes Problem, das unserem Glück im Wege steht, bedarf einer vollständigen Lösung. Wenn wir es nur teilweise lösen – weil wir uns zu wenig Zeit und Mühe nehmen –, bleibt es ein Problem. Wir müssen uns immer wieder neu damit beschäftigen, weil wir vielleicht nur die Symptome vorübergehend beseitigt haben, aber nicht die Ursache.

Wie Sie sehen, ist es kaum möglich, der Entscheidung zu entgehen, ob wir unsere Kraft für andere opfern wollen oder ob wir es vorziehen, als herzlos zu gelten – aber dafür alle unsere Kräfte für die Lösung unserer eigenen Probleme einzusetzen, die unserem Glück im Wege stehen.

92. Schritt
Wenn Ihre Hände hier und die Gedanken ganz
woanders sind, machen Sie Fehler, die Sie
durch Konzentration vermeiden könnten

Unser Glück oder Unglück beginnt in unserem Denken. Wir sind
so, wie wir denken. Wenn Ihnen das bewußt ist, können Sie
unbezahlbare Vorteile daraus ziehen und Fehler vermeiden. Vor
allem können Sie viel Zeit und Kraft sparen. Zeit und Kraft, die
Sie für Ihre innere Entwicklung einsetzen können.

Überlegen Sie einmal folgenden Fall: Sie kommen abends nach
Hause und schließen die Tür hinter sich. Da fällt Ihnen ein, daß
in fünf Minuten im Fernsehen eine Sendung beginnt, die Sie
unbedingt sehen wollen. Sie stehen noch an der Tür, aber Ihre
Gedanken sind schon ins Wohnzimmer vorausgeeilt. Sie denken:
»In welchem Kanal ist diese Sendung bloß? Ich muß noch schnell
im Programmheft nachsehen.« Sie ziehen Ihren Mantel aus, stek-
ken – in Gedanken verloren – die Autoschlüssel in die Tasche,
statt sie wie üblich auf das kleine Bord unter dem Spiegel zu
legen.

Am nächsten Morgen haben Sie es wie immer eilig, aus dem Haus
zu kommen. Im Vorzimmer wollen Sie nach dem Autoschlüssel
greifen, aber er ist nicht da, wo er sonst immer liegt. Ein Panikge-
danke durchzuckt Sie: »Wo ist der Schlüssel? Wo habe ich ihn
hingelegt? Wenn ich ihn nicht rasch genug finde, komme ich zu
spät zur Arbeit.«

Sie versuchen, Ihre Gedanken zu ordnen und sich an den Vor-
abend zurückzuerinnern. Gleichzeitig beschimpfen Sie sich
selbst, weil Ihnen das jetzt schon zum dritten Mal passiert. Und
so weiter und so fort. Es kostet Sie 15 Minuten an vergeude-
ter Zeit und Energie, bis Ihnen einfällt, daß der Schlüssel im
Mantel sein könnte. Sie finden ihn und rasen los, erfüllt von

Ärger, Hektik und dem Schwur, so etwas würde Ihnen nie wieder passieren.

Was aber müssen Sie tun, damit es Ihnen nie wieder passiert? Was können Sie aus diesem Beispiel lernen, das wir in ähnlicher Form sicherlich alle aus eigener Erfahrung kennen? Das Lösungswort heißt: Konzentration. Was aber ist Konzentration?

Konzentration bedeutet, daß Ihre Gedanken dort sind, wo Ihre Hände sind – und umgekehrt. Es bedeutet auch, eine Sache nach der anderen zu tun, und zwar das in diesem Augenblick Wichtigste zuerst. Das Beispiel mit dem Schlüssel mag Ihnen vielleicht ein wenig simpel erschienen sein, aber sind es nicht genau diese vielen scheinbar völlig unwichtigen Dinge des täglichen Lebens, die uns oft für den Rest des Tages aus der Bahn werfen? Nur fünf Sekunden Konzentration auf den Augenblick des Schlüsselweglegens im Vorzimmer, ehe wir uns auf das Fernsehprogramm konzentrieren – und was alles hätten wir uns am nächsten Morgen erspart?

Wenn wir uns solche Zusammenhänge im Alltag immer wieder bewußtmachen und die Konzentration der Gedanken auf den Augenblick hier und jetzt dabei trainieren, lernen wir von Tag zu Tag in kleinen Schritten, Hindernisse von vornherein zu vermeiden.

93. Schritt
Wer vorgibt, die Natur zu schützen, vergißt meistens, daß er selbst ein Teil davon ist

Zu den beliebtesten Ausreden, von der Verantwortung für uns selbst abzulenken, gehört die Verantwortung, die wir angeblich für andere übernehmen. Vor allem für Menschen und Dinge, die sich gegen diese Aufdringlichkeit nicht wehren können. Dazu gehört der beliebte Anspruch, die Natur vor uns Menschen schützen zu wollen. Spielen Sie auch mit diesem Gedanken?

Darüber nachzudenken erscheint vor allem dann sinnvoll, wenn Sie entschlossen sind, Ihr Leben nach eigenen Vorstellungen, aus eigener Kraft und Verantwortlichkeit zu führen. Das bedeutet schließlich: Sie selbst sind sich das Wichtigste in Ihrem Leben. Zuerst fühlen Sie sich für Ihr eigenes Glück, Ihre Gesundheit und die Harmonie mit sich selbst verantwortlich. Alles andere ergibt sich – wenn Sie reif dafür sind – ganz von selbst.

Natürlich sind Sie mit dieser Einstellung ständig den Zweifeln ausgesetzt: »Liege ich damit wirklich richtig? Mache ich mich nicht zum weltfremden, egoistischen Sonderling? Sollte ich mich nicht doch lieber anpassen und einordnen und das tun, was alle tun?« Die Antwort darauf können nur Sie selbst sich geben. Es ist – um es noch einmal zu wiederholen – die Entscheidung, die den Lauf Ihres Lebens bestimmt:

- Lebe ich angepaßt und lasse andere, die Gesellschaft, die Vorschriften, Tabus, Trends und Zufälle über mein Leben bestimmen?
- Oder lebe ich mein Leben nach eigenen Vorstellungen, auch wenn ich damit auf Widerstände stoße?

Viele dieser Widerstände kommen über Schleichwege auf Sie zu. Etwa dadurch, daß Sie ständig mit der Angst infiltriert werden, die Natur ginge daran zugrunde, daß Sie sich nicht genügend um sie kümmern. Indem Sie vielleicht für den Schutz der Wale, Robben oder des Regenwaldes in Südamerika kämpfen.

Wenn Sie erst einmal angefangen haben, sich für die »Natur« verantwortlich zu fühlen, weil sie angeblich in so großer Gefahr ist, werden Sie vermutlich nie wieder Zeit finden, darüber nachzudenken, in welcher Gefahr Sie selbst sich befinden, wenn Sie vor lauter Fremdverantwortung vergessen, welche Verantwortung Sie für sich übernehmen sollten.

Erst kürzlich trat ein Abgeordneter der Grünen, also einer politischen Gruppierung, die sich in besonderer Weise für Ökologie und Naturschutz stark macht, öffentlich für die Abschaffung mancher technischen Errungenschaften ein, die zu einem sogenannten sauren Regen führen, der unsere Wälder zerstört. Keiner von den Leuten, die diesen Mann kennen, fand es allerdings ungewöhnlich, daß der wortgewaltige Naturschützer täglich 80 Zigaretten raucht, die seine Lunge viel mehr gefährden als die Technik den Wald.

Könnte es nicht sein, daß dieser Mann für seine Umwelt viel mehr tun könnte, wenn er sich nicht so sehr um die Rettung der Natur als vielmehr um die Rettung seiner eigenen Gesundheit kümmerte?

94. Schritt
Wenn Sie heute nicht mit Ihren Kindern reden, werden die Kinder eines Tages nicht mit Ihnen reden

Unsere Gesellschaft ist überfüllt von Erziehern, Moralisten, Autoritäten und Besserwissern. Sie alle werden nicht müde, uns ein Leben lang darüber zu belehren, was richtig und falsch ist und wie wir uns zu verhalten haben. Die Belehrer sind also ständig unter uns, und es ist kein Wunder, daß viele von uns – sobald sie eine Chance dazu bekommen – sich genauso verhalten, wie sie erzogen worden sind: als selbstgefällige, autoritäre, nie irrende Eltern, Lehrer und Vorgesetzte.

Es gibt immer zwei Möglichkeiten, Erfahrungen, Anregungen oder Aufträge weiterzugeben: unter Drohung oder durch Überzeugen. Jemandem Wissen durch Bedrohung beizubringen bedeutet, sich in eine Position der Autorität zu begeben, von der aus man hierarchisch von oben nach unten Macht ausübt, ohne dem Betroffenen eine wirkliche Chance zu geben, eigene, vielleicht bessere Ansichten zu entwickeln.

Diese Methode der Beeinflussung setzt voraus, daß man Macht besitzt und erhält. Um sie zu erhalten, darf sich der Ausübende keine Blöße geben. Denn sobald der Betroffene hinter der äußeren Autorität die inneren Schwächen erkennt, geht die Autorität verloren. Das bedeutet, daß Autoritätspersonen keine Kritik an ihren Entscheidungen dulden dürfen und Widerstände durch Drohung oder Bestrafung möglichst schon im Ansatz unterdrücken müssen.

Diese Strategie der Beeinflussung ist die Grundlage der klassischen Erziehung, wie sie heute noch immer in vielen Schulen, Familien und Firmen gehandhabt wird. Eltern belehren ihre Kinder mit der Zwangsbeglückungs-Formel: »Tu, was wir dir sagen.

Eines Tages wirst du erkennen, daß wir nur dein Bestes wollten.« Vorgesetzte unterbinden nicht selten Einwände und Ideen der Untergebenen mit dem Argument: »Ich habe das schon so gemacht, da haben Sie noch in den Windeln gelegen. Hören Sie also auf mit Ihren verrückten Ideen.«

Es mag schon sein, daß Kinder tatsächlich später im Leben erkennen, daß ihre Eltern in manchen Dingen recht gehabt haben. Manche Eltern allerdings bedauern, daß sie ihren Kindern früher nicht öfter die Chance gegeben haben, auch recht zu haben. Oder, um es anders zu betrachten: »Wenn Sie heute nicht mit Ihren Kindern reden, werden die Kinder nicht mit Ihnen reden, wenn Sie sich später einmal danach sehnen.«

Hierarchisches, autoritäres oder aber partnerschaftliches Überzeugungsprinzip, das sind die zwei Grundformen im Umgang der Menschen miteinander. Das eine bedeutet einseitige Information, die andere ist Kommunikation in beiden Richtungen. Verbunden mit der Spannung, die für jede Art von Kreativität notwendig ist. Wer immer nur seine eigene Meinung und Erfahrung gelten läßt, hat aufgehört dazuzulernen.

Die ständige Suche nach seinem Glück aber bedarf immer neuer Impulse, aus denen wir lernen können, die Probleme immer besser zu lösen, die uns im Wege stehen.

95. Schritt
Wenn Sie niemanden mehr beneiden, sind Sie auf dem besten Weg zu sich selbst

Haben Sie schon einmal darüber nachgedacht, auf welche Weise der Neid Ihr Leben beeinflußt? Sie haben recht gelesen: der Neid. Jemand hat etwas, was Sie nicht haben oder nicht haben können – und deshalb beneiden Sie ihn.

Jemanden zu beneiden bedeutet, daß wir uns bei dem, was wir sein oder besitzen möchten, nicht nach unseren eigenen Wünschen und Bedürfnissen orientieren. Sie kommen nicht von innen aus uns selbst, sondern werden von außen so stark angeregt, daß wir es auch besitzen oder erfüllen möchten.

Neid entsteht, wenn wir selbst nicht wissen, was wir sein wollen und was wir brauchen, um glücklich zu sein. Wir wissen es nicht, wenn wir die Grundfragen unseres Lebens nicht eindeutig für uns geklärt haben:

- Wer bin ich wirklich?
- Was macht mich wirklich frei und glücklich?
- Was brauche ich, um frei und glücklich sein zu können?

Um es noch einmal zu betonen: »Was brauche *ich*«, und nicht: »Was haben andere, was ich ihnen nachmachen könnte?«

Das Erwecken von Neid ist eine der bewährtesten Strategien im ewigen manipulativen Spiel des Lebens. Neid ist das Motiv mancher ehrgeizigen Ehefrauen, ihre Männer zu immer größeren Leistungen anzuspornen. Neid ist ein Motiv, das viele Menschen zum Handeln treibt.

- Entweder Sie strengen sich an, um das zu bekommen, was jemand besitzt, den Sie beneiden. Wenn Sie es schließlich besitzen, wird es nicht lange dauern, bis irgend jemand anderer erneut Ihr Neidgefühl erweckt – und das Spiel beginnt von vorne.

- Oder Neid wird zur Aggression: Man holt sich von denen, die etwas besitzen, mit Gewalt, worum man sie beneidet.

Wir alle sind an jedem Tag und auf vielerlei Weise den Neid-Impulsen ausgesetzt. Alle, die uns Ideen, Produkte, Sicherheit oder Glaubensbekenntnisse verkaufen möchten, sind ständig bemüht, in uns Bedürfnisse und Wünsche zu erwecken. Sie versuchen es mit Argumenten. Sie versuchen es mit schönen Bildern und Sprüchen. Sie versuchen es, indem sie uns angst machen – oder indem sie unseren Neid erwecken.

Sie tun es, indem sie uns zum Vergleich verlocken. Ihre Botschaft lautet: »Da ist jemand, der hat etwas, was du unbedingt haben mußt, um genauso gut und schön, jung und gesund und reich zu werden wie er.« Diese Vorbilder zeigen sie uns auf Zigarettenpackungen und Plakaten. Und natürlich Tag für Tag im Fernsehen: Der Mann im noch eleganteren Auto. Die junge Frau mit dem verführerischen Duft. Der Teenager, der glückselig an einem Schokoladeriegel knabbert, um den ihn seine Freunde beneiden. Wer selbst nicht weiß, was er wirklich will und braucht, hat es tatsächlich nicht leicht, allen diesen Neid-Impulsen zu widerstehen. Finden Sie nicht auch?

96. Schritt
Lügen schaden Ihnen dann am meisten, wenn Sie sich selbst belügen

Wenn wir lügen, wird uns Strafe angedroht. So lange und so eindringlich, bis wir Schuldgefühle haben, wenn wir jemanden belügen. Deshalb werden wir von Kindheit an zur Ehrlichkeit erzogen. Genauso wie zu Anständigkeit und Rücksichtnahme auf andere, zu Opferbereitschaft, Ehrgefühl und Anpassung.

Nehmen Sie sich am besten gleich jetzt die Zeit, einmal sehr ernsthaft und gründlich darüber nachzudenken, was Ihnen alle diese Prinzipien des anständigen Bürgers in Ihrem Leben bisher gebracht haben. Vor allem deren Folgen. Denn schließlich heißt es ja: »Ehrlich währt am längsten.« Das aber kann nur stimmen, wenn wir uns niemals eine Blöße geben.

»Sei ehrlich und rechtschaffen«, so jedenfalls lautet die Botschaft der Erziehung zum braven Bürger. Sie wird von Gesetzen beschützt und von den Hütern der Moral gefordert. Was wir allerdings täglich erleben, ist die Realität:

- Wir erleben, wie die Moral- und Gesetzeshüter nicht nur uns, sondern auch sich selbst belügen.
- Jeder Täter kann vor Gericht so viel lügen, wie er will, solange ihm seine Tat nicht nachgewiesen werden kann. Manche Täter allerdings gestehen ihre Tat, weil sie das Schuldgefühl nicht ertragen können, das ihr Gewissen quält. Damit hat die Erziehung zur Ehrlichkeit bei ihnen ihre Wirkung nicht verfehlt.
- Politiker versprechen heute alles, was ihre Wähler hören möchten, obwohl leicht erkennbar wäre, daß sie viele ihrer Versprechungen niemals einhalten können. Von der Werbung ganz zu schweigen, die uns immer nur die besten Seiten eines Produktes vor Augen führt – und alle Nachteile verschweigt.

Wenn die Ehrlichkeit in so großem Stil mißachtet wird, warum klammert sich der einfache, brave, gutgläubige Bürger dann so sehr daran? Und das bis zur Selbstverleugnung, wenn er sich immer wieder durch seine Ehrlichkeit Schaden zufügt?

Wer dazu entschlossen ist, sein Leben nach eigenen Vorstellungen, aus eigener Kraft und nach seinen eigenen Maßstäben zu führen, kann nur unter einer Voraussetzung erfolgreich sein: Wenn er selbst bestimmt, was für ihn Ehrlichkeit und Lüge ist, und ohne Schuldgefühle danach handelt. Schuldgefühle als Selbstbestrafung, weil wir gelogen haben, bedeuten schließlich, daß wir von den anerzogenen Maßstäben unserer Erzieher abhängig sind.

So gesehen, ist die Erziehung zur Ehrlichkeit nichts anderes als ein Instrument des manipulativen Spiels. Jeder, der Schuldgefühle hat, weil er bei einer Lüge ertappt wurde, ist ein leichtes Opfer von Leuten, die nicht die geringsten Skrupel haben, ihn damit zu erpressen.

Warum sollte jemand Schuldgefühle haben, wenn er lügt, um sich selbst zu schützen, ohne damit jemand anderem zu schaden? Vor allem aber: Eine Lüge von heute ist schon öfter die Wahrheit von morgen gewesen. Und umgekehrt. Lügen allerdings schaden immer, wenn wir uns selbst belügen. Oder nicht?

97. Schritt
Wenden Sie für alles nur so viel Zeit und Energie auf, wie es Ihnen wert ist. Sonst vernachlässigen Sie das wirklich Wichtige

Zeit und Energie, das ist das Rohmaterial, aus dem wir unser Leben gestalten können. Wir können es daraus formen wie ein Bildhauer eine Figur aus Stein. Nach eigenen Ideen und aus eigenem Antrieb – allerdings nur in den Grenzen, die unseren Möglichkeiten und Fähigkeiten entsprechen.

Sein Leben nach eigenen Vorstellungen zu leben bedeutet, den Dingen unseren eigenen Wertmaßstab anzulegen. Der Wert, den wir einer Sache beimessen, bestimmt auch Zeit und Energie, die wir dafür aufwenden wollen. Sehr oft vergeuden wir für unwichtige Dinge Zeit und Energie, die uns später fehlen, wenn wir alle Kraft auf das wirklich Wichtige konzentrieren sollten.

Zwei Hinweise können Ihnen dabei helfen, diesen Fehler zu vermeiden:

1. Teilen Sie Ihre Vorhaben nach der Wichtigkeit für Sie ein und erledigen Sie das Wichtigste zuerst.
2. Bedenken Sie bei allen Vorhaben den Vier-Punkte Ablauf:
- Definieren Sie Ihr Ziel ganz konkret und legen Sie die Zeit fest, wie lange Sie sich damit beschäftigen wollen oder können.
- Prüfen Sie, wann der richtige Zeitpunkt für das Vorhaben gekommen ist. Denn eine Sache zu früh oder zu spät in Angriff zu nehmen, kostet Sie einen Mehraufwand an Energie und führt sehr oft nur zu einem unbefriedigenden Ergebnis.
- Legen Sie den Aufwand an Anstrengung, vielleicht auch an Geld fest, das Sie einbringen wollen.
- Entscheiden Sie, worauf Sie bewußt verzichten oder was Sie auf einen späteren Zeitpunkt verschieben wollen, um alle

Energie auf das zu konzentrieren, was Ihnen als Wichtigstes erscheint.

Solche gezielten Überlegungen verhindern sehr oft, daß wir die wichtigsten Dinge im Leben versäumen, weil wir auf das falsche Pferd gesetzt haben – und nicht selten weiter darauf beharren, obwohl wir unseren Fehler längst erkannt haben. Die Ursache dafür ist die Unkonzentriertheit, mit der wir ein Vorhaben begonnen haben:

- Wir wissen nicht ganz genau, was wir wirklich wollen. »Irgendwie kriege ich das schon hin«, lautet die gängigste Phrase der Selbstüberschätzung.
- Wir haben nur eine vage Vorstellung des Aufwands, den die Sache erfordert, weil wir nur die ersten Schritte des Vorgehens überschauen und hoffen, daß es dann schon irgendwie weitergehen würde.
- Wir beginnen das Vorhaben überhastet und unterschätzen im anfänglichen Übereifer unsere eigenen Kräfte. Nicht selten passiert es dann, daß wir bald das Interesse verlieren, wenn der Erfolg nicht schnell genug sichtbar wird.

Vergessen Sie nicht, daß wir an jedem Tag unseres Lebens nur ein bestimmtes Maß an Zeit und Energie zur Verfügung haben. Es liegt nur an uns selbst, ob wir den größten Teil davon für das aufwenden, was uns wirklich glücklich macht.

98. Schritt
Wer selbstbewußt lebt, braucht niemandem etwas zu beweisen

Vieles von dem, was wir tun, geschieht nur aus einem einzigen Grund: Wir wollen anderen Leuten imponieren. Wir wollen ihnen beweisen, wie gut, wie fleißig und gescheit wir sind. Manchmal gelingt es uns, und die anderen gewinnen Respekt vor uns. Der Nachteil dieser Bemühungen allerdings besteht darin, daß wir nie müde werden dürfen, diesem Respekt gerecht zu werden. Wenn andere erst einmal unser Imponiergehabe durchschauen – ist es wieder vorbei mit dem Respekt, und das Spiel beginnt von vorne. Sehr oft gehen allerdings unsere Bemühungen ins Leere. Ganz einfach deshalb, weil der andere gar nicht daran interessiert ist, von uns zu erfahren, daß wir besser sind als er. Er selbst will ja auch nichts anderes, als uns zu imponieren.

Solche Leerläufe kosten viel Zeit und Energie. Wozu also sollen wir ständig anderen Leuten etwas beweisen oder uns vor ihnen rechtfertigen, wenn letzten Endes doch nur eines zählt: Wie wir selbst über uns denken? Das Bemühen, anderen etwas zu beweisen oder uns zu rechtfertigen, ist also meistens doch nichts anderes als der Versuch, uns vor uns selbst zu rechtfertigen.

Wenn Sie allerdings entschlossen sind, Ihr Leben nach eigenen Vorstellungen, aus eigener Kraft und nach eigenen Maßstäben zu leben, sind alle diese Bemühungen nicht mehr erforderlich. Sie brauchen nicht mehr um die Gunst und den Respekt anderer zu buhlen: Sie selbst respektieren sich am meisten. Sie sind Ihr eigener Kritiker, kennen Ihre Schwächen und Ihre Stärken und arbeiten täglich daran, Ihre Probleme besser zu bewältigen. Sie sind auch nicht mehr von Lob und Anerkennung durch andere abhängig.

Und noch etwas: Es wird überflüssig, daß Sie nach außen hin

Autorität demonstrieren und andere erniedrigen, um sich selbst zu erhöhen – und zu signalisieren: Ich bin besser als du. Es geht für Sie längst nicht mehr darum, besser als irgend jemand anderer zu sein, wenn Sie daran glauben, daß Sie selbst so gut sind, wie Sie sein möchten. Oder es eines Tages sein werden.

Diese Einstellung nützt vor allem Ihnen selbst. Zusätzlich jedoch schafft sie eine ganz neue Beziehung zu anderen Menschen. Kritik versetzt Sie nicht mehr in Unruhe. Sie brauchen nicht mehr aggressiv zu werden, um sich zu behaupten. Sie können selbstsicher reagieren, weil Sie sich Ihrer selbst sicher sind. Das schafft eine neue Basis des Dialogs.

Wenn jemand Sie beschimpft oder beleidigt, verletzt es nicht mehr Ihren Stolz – weil Sie keinen Stolz mehr als Selbstschutz benötigen. Sie können gelassen antworten: »Du hast recht, mein Lieber. Ich habe einen Fehler gemacht. Es tut mir leid. Reden wir doch in aller Ruhe darüber.«

Verschafft Ihnen dieses selbstbewußte Verhalten anderen gegenüber nicht viel mehr Autorität, als der ständige Versuch, vorzutäuschen, daß Sie besser sind, als Sie tatsächlich sind?

99. Schritt
Machen Sie mit der Hoffnung Schluß, gerade Sie blieben von Krankheit und Tod verschont. Ihr Leben besteht aus Werden, Wachsen und Vergehen – und schon morgen kann es zu Ende sein

Das Hoffen darauf, daß irgendwie, irgendwann, irgend jemand dafür sorgen wird, daß sich in Ihrem Leben etwas zum Besseren ändert, gehört wahrscheinlich zu den verhängnisvollsten Ausreden dafür, seine Probleme selbst, hier und jetzt zu lösen. Das vielgepriesene »Prinzip Hoffnung« ist ein Prinzip der Selbstverleugnung. Es bedeutet: Ich bin nicht imstande, mein Leben selbst zu bestimmen, also überlasse ich es anderen Leuten, dem Schicksal oder dem Zufall.

Es ist ein Prinzip der Flucht vor der Realität des Lebens. Einer Realität, der wir nicht entfliehen können. Diese Realität besteht darin, daß sich alles – auch unser ganzes Leben – in drei immer wiederkehrenden Phasen vollzieht: Werden, Wachsen und Vergehen. Das ist der Rahmen, in dem wir unser Leben gestalten können. Wir können verändern, was möglich ist. Aber wir müssen respektieren, was *nicht* zu ändern ist.

Wir können nichts daran ändern, daß wir geboren werden und eines Tages unvermeidbar sterben werden. Es nützt uns nichts, wenn wir unser Leben oder die Zeit, in der wir geboren wurden, beklagen. Und es nützt nichts, ein Leben lang in ständiger Angst vor Krankheit und Tod zu leben. Alles, was wir mit aller Energie tun können, ist: In der Zeit, die uns zur Verfügung steht, zu dem Menschen heranzuwachsen, der wir sein möchten.

Die Realität, mit der wir dabei konfrontiert sind, ist voll von Hindernissen und Widerständen, die wir nicht vermeiden können. Was wir tun können, ist, unsere Überlebensfähigkeiten unermüdlich zu trainieren, damit wir diesen Widerständen immer besser begegnen können.

Die Angst vor Krankheit und Tod können wir nicht dadurch bewältigen, daß wir sie verdrängen oder hoffen, daß wir möglichst lange davon verschont bleiben. Wir können uns nur darauf vorbereiten, ihnen richtig zu begegnen, wenn der Zeitpunkt der Konfrontation damit gekommen ist.

Glücklich zu leben, bedeutet also letzten Endes, das Glücklichsein in uns so tief zu verankern, daß wir auch im Augenblick des Todes glücklich sein können. Was sollte uns daran hindern? Schließlich ist der letzte Tag unseres Lebens – wann immer er kommt – auch nur ein Tag in unserem Leben, an dem wir alles uns Mögliche tun können, um glücklich zu sein.

Und was die Krankheit betrifft: Wenn wir an jedem Tag aus eigener Kraft alles uns Mögliche tun, um sie zu vermeiden, ist die Chance gesund zu bleiben, ungleich größer, als wenn wir nichts anderes dazu beitragen, als darauf zu hoffen, daß jemand anderer die Schäden an uns reparieren kann, die wir selbst hätten vermeiden können.

100. Schritt
Jeder ist sich selbst der Nächste. Wer das nicht zugibt, schafft sich mehr Probleme, als er jemals lösen kann

Aus eigener Kraft glücklich zu sein, während so viele Menschen in der Welt unglücklich sind, ist nach Ansicht mancher Leute, die sich für die ganze Welt, unsere Gesellschaft und ihre Moral verantwortlich fühlen, reiner Egoismus. Und sie meinen damit etwas Verwerfliches. Wer sich zu allererst für sich selbst verantwortlich fühlt – und dann erst für andere Menschen –, braucht allerdings niemanden, der ihm sagt, was er denken, glauben und tun soll. Er ist auf dem besten Wege zu dem, was wir den freien, mündigen, kritischen Bürger nennen können.

Vielleicht braucht gerade jetzt unsere Gesellschaft mehr denn je möglichst viele solcher mündigen Bürger. Vielleicht. Es könnte aber ebenso sein, daß unsere Gesellschaft sich zu einer neuen Art von Diktatur entwickelt. Einer Diktatur der Technokraten, der Medien und all jener Institutionen, die Massen brauchen und an Egoisten nicht interessiert sind.

Es liegt an jedem einzelnen, sich für eine der zwei Möglichkeiten zu entscheiden:

- Lebt er angepaßt ein Leben, in dem er es zuläßt, daß andere ihm vorschreiben, was er denken, glauben und kaufen soll?
- Oder bezahlt der den Preis für ein Leben als freier Bürger, der nach seinen eigenen Ideen, Maßstäben und Möglichkeiten lebt?

Beide Formen des Lebens wird es immer geben. Keine ist besser oder schlechter als die andere. Sicher ist allerdings, daß es immer Menschen geben wird, die das Unbehagen der Unterdrückung –

welcher Art auch immer – so intensiv spüren, daß sie sich dazu entscheiden, auszubrechen und ihr eigenes Leben als freie, unangepaßte Individuen zu führen.

Dieses Buch enthält 100 Anregungen für solche Menschen, die nicht mehr danach fragen, was andere, der Staat, die Kirche, der liebe Gott, Institutionen, Spezialisten und alle die ungezählten Glücklichmacher für sie tun können. Und die nicht warten und hoffen, sondern bereit sind, an jedem Tag ihres Lebens aus eigener Kraft alles das für sich zu tun, was sie glücklich macht.

Wer sich für diesen Weg entscheidet, darf nie aufhören, in seinem täglichen Leben unermüdlich zu trainieren, die Probleme immer besser zu lösen, die seinem persönlichen Glück im Wege stehen. Es gibt dazu ganz offensichtlich keine brauchbare Alternative.

Zu lernen und zu trainieren, seine Probleme selbst zu lösen, ist das Gegenteil der Hoffnung, daß andere Leute oder der Zufall unsere Probleme lösen. Wer sich für das Hoffen entscheidet, muß mit der Verdrängung leben. Verdrängung aber bedeutet nichts anderes, als daß unerfüllte Wünsche sich immer mehr unserem bewußten Einfluß entziehen und eines Tages eine Dimension erreichen, in der sie unlösbar geworden sind. Die menschlichen Katastrophen, zu denen diese Einstellung führt, erleben wir täglich überall, wohin wir auch schauen. Es liegt an jedem von uns, seine Schlußfolgerungen daraus zu ziehen.

Nachwort

Lieber Leser, dieses Buch enthält 100 Anregungen und Ermunterungen zum Glücklichsein. Nicht mehr und nicht weniger. Es enthält keine Wahrheiten, keine Gesetze, keine besondere Moral und mag voll von tatsächlichen oder scheinbaren Widersprüchen sein. Welchen Nutzen Sie daraus ziehen, liegt allein bei Ihnen. Drei Möglichkeiten stehen Ihnen offen:

1. Sie stellen das Buch in Ihren Bücherschrank und vergessen es, weil Sie nichts gefunden haben, was für Sie brauchbar wäre.
2. Sie verurteilen es, weil Sie wohl manches darin richtig finden, aber es nicht tun wollen, weil es für Sie zu unbequem wäre, anders zu sein als so, wie man es von Ihnen erwartet.
3. Sie lesen immer wieder darin, bis Sie alles Brauchbare herausgeholt haben, was Ihnen dabei nützt, das Leben zu führen, das Sie immer schon führen wollten – und stellen es erst dann endgültig in den Bücherschrank. Einfach deshalb, weil Sie Ihren eigenen Weg gefunden haben und niemanden mehr brauchen – auch nicht dieses Buch –, um zu wissen, was für Sie richtig ist.

Womöglich überrascht es Sie ein wenig, aber der vielleicht beste Rat, den ich Ihnen geben kann, ist der, sich doch Ihr eigenes Buch zu schreiben. Warum nicht? Nennen Sie es »Mein Lebensbuch« und schreiben Sie darin alles auf, was für Ihr ganz persönliches Leben wichtig ist.
Benutzen Sie Ihr »Lebensbuch« als Tagebuch, in dem Sie sich schriftlich mit den Problemen auseinandersetzen, über die Sie mit niemandem reden können. Benutzen Sie es aber auch als Ihr

Lebens-Programm. Mit allen Zielen und Wünschen, mit den Erfahrungen, die Sie bei Ihrem Lebenstraining machen.

Vielleicht wird auf diese Weise Ihr eigenes Buch zu einer Art Therapeut oder Beichtvater für Sie, dem Sie offen anvertrauen, wovon Sie sich befreien sollten. Sie wissen ja: Das Aufschreiben ist ein Vorgang der Befreiung von Problemen, die uns krank machen, wenn wir sie verdrängen.

Was auch immer Sie tun, es wird für Sie richtig sein. Sie tragen dafür die Verantwortung. Sich selbst und niemand anderem gegenüber. Schließlich sind nur Sie es, der sein Leben, sein Glück und auch sein Unglück zu verantworten hat.